つれづれなるままに

旅のものがたり2

野崎 順子

東京図書出版

まえがき

二〇一二年十二月に『つれづれなるままに　旅のものがたり　1』が、世に出てから六年余り、かなりの時間がたってしまった。

『続編　2』を待っていて下さっていた方々には執筆放棄と映っていたのではないかと思うが、ありがたいことに、多くの方々から「次が読みたい」という言葉を頂いていた中に、「生きている間に読ませてね」という八十代の方からの一言が、なぜか心に響き自分の不甲斐なさを責めることになった。

まさに、この一言が重いお神輿を上げる決め手になったと言っていいだろう。

二〇一九年二月六日、冷たい雨が降る静かな午後のこと、PCの Word に原稿の画面設定をした。本著『旅のものがたり　2』を書き始めた日である。

この日は偶然にも、NHK大河ドラマ『龍馬伝』で心に残った福山雅治サンの満五十歳の誕生日だったとFM放送で聞き、ファンとして嬉しくないはずがなく、偶然とはいえ、その幸先の良さに一段と意気が上がった。

こうして、この日から、「言の葉」渦巻く大海原に、不安定な小さな船が出航することになったのだが、見えない何かに背中を押されつつ、あとは怖いもの知らずに漕ぎ出すだけである。Bon Voyage !!


ちなみに、この時点で、筆者である自分がどんな日常を送っていたのか。

巻末の簡単な職歴だけではわからない「ありのまま」を、いくつか記させていただく。更に今回は、過去の「旅のおはなし」に加えて、書いている「その時点」に起きた出来事などを併記しているので、「ものがたり」に時間差が出てくることをお断りしておく。


まずは、この時期二〇一九年早春に読んでいた本のことから……。

その頃、興味本位で何気なく手に取ったのが女優・高峰秀子（一九二四〜二〇一〇）の本二冊。日本中に名を馳せた名女優がいったいどんな本を書いたのか⁇　一作目『巴里ひとりある記』（一九五三年）を読み始めたが、聡明なはずの彼女の、知られざる一面に愕然とし落胆すらしたというのが正直な感想であった。

名子役としてかなりの収入があった彼女を頼って、遠く北海道からも親族がお金欲しさにやって来て居候していた少女時代、彼らの生活費を稼ぐために学校などに行けるはずもなかった。小学校から始まる義務教育九年間も「おうちの事情」で見過ごされ、撮影所で朝から晩まで子役として働き続けていたのだ。二、三歳から映画の世界で得た子役の収入が家族や親族の生活を支えていた背景が浮かび上がる「字を知らない子」が書いた本である。

この本を出したのは三十二歳だったと思うが、秀子さんは、この年齢になっても漢字が書けなかったのか、漢字の部分を殆どカタカナで書いている。

聡明な女優だと思っていたので、まったく信じられなかった。

もう一冊は、それから二十年余りの時を経て、今度は目を疑うほど文章が成熟し、語彙が豊かになり、おまけに第24回日本エッセイスト・クラブ賞まで受賞した『わたしの渡世日記』（一九七五年）である。勝気な彼女の自助努力が実ったいい例であろう。

今まで文筆家の本のみならず、作曲家やピアニスト、画家などが書いた本もよく読んでいたが、女優の書いた本は、岸惠子のエッセイぐらいで、自伝のような本は実にこれが初めてだった。

一冊目の『巴里ひとりある記』から二十二年後、持ち前の旺盛な知識欲と負けず嫌いの性格が後押しをして世に出した、半ば自伝ともいえる『わたしの渡世日記』は、一躍「名エッセイスト」と言われるほど表現能力が開花して話題を浚った。

この作品を出すまでの二十年間は、女優をしながらも、ひそかに日本語能力を高める修行の日々であったことだろう。あらゆる本をむさぼり読み、文豪達との出会いに触発され、自らの内面や語彙能力を育てていった時期であったと思う。負けず嫌いで勝気な性格が彼女をここまで伸ばしたのだ。

幼少の頃から学校にも行けず、ひたすら演じ続け、三六五日映画の世界に生きた特異な過去を軸に、その背後に屈折した複雑な家族関係が絶えずからみついている「自叙伝」とも言える一冊である。内容は多岐にわたり、自分の生い立ちばかりでなく、昭和の日本映画史、第二次世界大戦、その戦中、戦後の日本の姿、その間出逢った人物（主に映画人や作家）に注ぐ鋭く細やかな描写、記憶を辿り検証を怠らず正確に時代を切り取って書いた筆力の強さに、いったん読み始めると止まらなくなることがしばしばあった。

女優を引退してからは家庭に入り、培われた美意識に根づいて選んだ身の回りの生活用品を愛しみ、今まで出来なかった料理にも、普通の女性がやっていることに何とか追いついてやってみたいと取り組み、夫に喜んでもらいたい一念で考えながら工夫して作った美味しいレシピをたくさん生み出した。手作りの料理はいつも彼女自身の目で選ばれた器に盛られ、二人のテーブルに並んだ。料理に打ち込む時代を回顧して、自分一人ならお鍋から直接食べてもいいのだけど、と書いているのが彼女らしい。

夫の「美味しい」という言が、ますます料理の腕を磨かせていき、映画史に残る大女優からの「転身」は、先ず料理から始まり家事全般に拡がり定着していったようだ。私は昔、彼女のお店で買った石鹸置きを未だに愛用している。便利でセンスの良い日用品を扱う店を都心に開いていた時に偶然通りがかり、「記念に」求めたものであるが、残念なことにお店にデコちゃんはいなかった。

女優業を少しずつ卒業し、専業主婦に切り替えていったのには大きな理由があった。それは、ただ一つ、夫、松山善三への敬愛の念である。脚本家で映画監督だった夫と静かな麻布の家で人生の半ば過ぎに手に入れた穏やかな家庭生活、手作りの料理を喜んで食べてくれる夫の顔に心なごませながら、普通の家庭生活を楽しんだ。

幼い頃に夢にまで見た静かな家庭生活がやっと始まったのであった。

庭先に椅子を出してデコちゃんに散髪してもらっている善三さんの嬉しそうな表情は、心を通い合わせている夫婦の情景の一つである。

こんな平穏な生活の中で、幸せをかみしめていた妻に、眠っていた作文の楽しみが頭をもたげ、話題に事欠かない自分の人生を書き始めることになる。

いい加減なことを嫌うデコちゃんだから、よく調べ、よく理解し、よく整理し、ていねいな推敲を重ね、どんどん作文の世界にのめり込んで行ったのだろう。まさに「好きこそものの上手なれ」である。

エッセイとは、こうして書き手の「人となり」をにじませながら次々と生み出されていくものである。仕組んだ「作り話」ではない「なまの味」であるがゆえに、古今東西、いつの世にも読み手を惹きつけて止まない魅力があるのであろう。

デコちゃんの一冊目は少々物足りなかったので、受賞までした二冊目には様々な興味があった。今となっては、もはや市中の本屋では取り扱わない昔の本ゆえ、Amazonの中古本でやっと見つけて手に入れたのだが、予想を超える中身の濃さに感心しながら、引き込まれるように一気に読み終えた。

語彙が豊富で表現力は作家並み、思考能力が優れているため、その時、その時代を的確に捉えていて読みやすく痛快な本であった。このエッセイ二冊は、もう家にはないが、松山家のお料理レシピの本だけは台所の本棚に残っている。

余計なことであるが、この二人のお墓は小豆島にあると聞いた。小豆島は、映画『二十四の瞳』を撮影した時、二人が出会った思い出の場所で、「お墓はここに」と二人で生前から決めていたそうである。

音楽のことも少々……。

このとき家中あちこちにセットしてあったのが、トルコ出身のピアニスト&作曲家ファジル・サイ（一九七〇～）の、モーツアルト、バッハ、リスト、チャイコフスキーのCD。先月、東京・代々木上原のトルコ文化センター・東京ジャーミイに行った時、トルコの青年と喋っていて話題になり、急に聴きたくなったからでもある。

ファジル・サイの破天荒ともいえるような演奏は、長年、老練なピアニストで聴きなじんできたピアノ曲の空気をがらりと変えて迫ってくるので、その意外性に驚くこともあるが、実は、本人は伝統的な古典音楽を学び、ヨーロッパ各地で音楽の基礎教育をしっかりと受けた上で、地道に研鑽を積み、徐々に桁外れの才能を開花させてきた堅実なピアニストなのである。

今、五十代を迎え、音楽も実りの時期を迎えているのかもしれないが、今後の演奏スタイルがどう変わっていくのかも楽しみである。

二〇一四年十月、東京オペラシティ・コンサートホールでの東京交響楽団との演奏会で時折見せた、いたずらっぽい表情が音に重なった瞬間があったことを思い出す。思えば、あの時、彼は「ピアノを弾くのが大好きなのさ！」と言っているような、得意げな少年の表情で弾いていた。

何のことはない、自分が楽しんでいたのだ。


ついでに映画や観劇のことも付け加えると……。

最近見た映画は、記録映画ともいえる『私は、マリア・カラス』、アカデミー賞候補『天才作家の妻―40年目の真実―』など、映画館で見る大きな映像とダイナミックな音響は、TV画面では味わえない感動を与えてくれるので、ついつい足が向く。


もう一つ……。

今、関心を持っているのが、上野の国立西洋美術館で開催予定（二〇一九年四月）の建築家「ル・コルビュジエ展」、この美術館自体がル・コルビュジエの設計であるし、一九三一年に竣工されたパリ郊外のリヴォア邸には、地図を片手に、友人カトリーヌの運転で見学に行ったこともあり、見逃せない展覧会である。

では、私個人は、いったい何をしている人間なのか……？

先ずピアノを挙げるのが自然だろう。私はコンサート・ピアニストではないが、なぜか夕方近くになると弾きたくなるのは、子供の時から放課後に弾いていたからだろうか？

四十年余り前に注文して制作してもらったヤマハの小さなグランド・ピアノは、今も弾き続けているが、いい調律師に恵まれたお蔭で、反応も良く、欲しい音を響かせてくれる大切な持ち物である。

カナダの森で育ったクイーンズランドウォルナットという木目がきれいなピアノで、長く弾き続けているからか、今や分身のようなものだ。音も年々よく響くように「育って」きた。この大切な持ち物のために、部屋は年中湿度調節を怠らないので、錆も出ず、弦も切ったことがない。

実は、長年お世話になっている調律師は、グランド・ピアノ専門の調律師養成機関の講師を長年努めてきた人で、こんな話をしてくれたことがある。

曰く、最近の音大生たちは、部屋の空気調整に無頓着で、時間があれば唯々弾き続けるらしく、よく弦を切り、夜中でも泣きついてくるのだそうだ。

私の場合は演奏家を目指してはいなかったし、ただピアノから離れられず、実年齢から四～五歳差し引いた期間（考えるのも恐ろしい長い時間！）、弾き続けてきただけである。しかし、その間に教えを乞うた何人もの先生方は皆さま人間的にも素晴らしかったことが、生徒として誇りである。

初歩の段階からレッスンを受けてきた先生方は、東京芸大ピアノ科の出身の方々で、何よりも御自身がよく勉強されている方々ばかりだった。その取り組み方が、生徒の私にも少しは受け継がれていたとすれば、これ以上の幸せはない。

しかし、少々趣の異なるスペインのピアノ曲だけは、幸いにもスペインに御先祖のルーツがある在日アルゼンチン大使夫人に教えを乞うた。このレッスンについては、拙著『風、光る刻』（二〇〇二年）の〈調和の旋律〉に詳しく述べた。

いま、二〇二一年、譜面台によく置かれるのは、メンデルスゾーンやブラームスのエチュード、ケスラーのエチュード、ドビュッシーの小品、チェロやヴァイオリンと合わせるためのピアノ・パート等々の楽譜である。

気づかれるかどうか、実は昔から練習曲が好きなのである。こまかい音符が隠している「得も言えぬ妙なる響き」を四苦八苦して探り当てたときの満足感は、当事者しか味わえない達成感そのもので、更に密林を分け入ろうとする気持ちを駆り立てるものである。

ひとり悦に入るこの愉しみ、実は幼い時から今も変わっていない。

この少々風変わりな悦楽を求めて、長年ピアノに向かってきたようなものである。美しい曲を好んで弾こうとする学習者からみれば、練習曲が好きだなどと言うのは変わり者にしか映らないだろう。

しかし私の先生方は、このあまり見かけない生意気な生徒に、難解な練習曲と共に、それを生かせる素晴らしいピアノ曲も選んで課題に与えて下さり、練習曲がいかに大切であるかを実感させて下さったのだ。

幼い時から何人もの先生に習ったたし、コンクールに出たこともあったが、社会人になって仕事が忙しくなり、なかなか練習時間がとれなくなって小休止をしていた時期もあった。

時《とき》を経てやっとピアノに向かう時間がとれるようになり、久しぶりでレッスンを受けた先生も、先輩に紹介された東京芸大ピアノ科の教授であった。このように小学生時代から教えを受けてきた先生方が、私にはもったいないような素晴らしく優秀な方々で、人格的にも尊敬できる方々であったことには、今なお心から感謝している。

西洋音楽に関わっていると、イタリア語やフランス語、ドイツ語が頻繁にお目見えする。楽譜のあちこちに、この欧州語の短い言葉が書かれていたので、英語ではない外国語に幼い時から興味を持つようになったのも、自然の成り行きであったのだろう。


長じて外国語に興味が湧き、社会人になってからは、英語、フランス語をそれぞれ「公用語」とする二つの国際友好団体の会員になり、海外から日本に来た多くの会員達と知り合う機会を与えられた。長い年月が過ぎたが、双方の活動を今も続けている。

たまたま日本に赴任した夫と共に、家族で東京に生活の拠点を置くことになった女性達との間に育まれた友情は、この方々の任期が終わり別れるときが来ても、そのまま続き、帰国後も途切れず交流が続いている。

日本での生活体験は貴重なものだったと思っているのだろうか。仲良くしていた昔の会員達とは、いまだに季節の挨拶を交わし、近況を報告しあっている。長生きしているせいか、私の会員歴も早五十年を超えてしまった。

その間、彼女たちから、忘れられないメールをもらったことを書き添えたい。あの東日本大震災直後、海外に帰った友人達から、どっとお見舞いや励ましのメールが入った中に「水がなければ水を送りたいが……」との申し出があったのだ。別の友人からは「落ち着くまで、しばらく私の家に来たらどうか」という避難先提供のメールも。

日本を離れて長い時間が過ぎても、こんなことまで考えてくれて……と、目頭が熱くなったことを思い出す。

次に現在も継続している仕事のことだが……月に数回、大人の生徒さん達との英文講読のレッスンを二十年余り続けている。この時間は、今や教師を定年退職した者に自分の天職を思い出させてくれる大切な時間である。

長きにわたり、二十歳前後の学生や社会人対象の講義や授業に、相当な時間を費やしてきたが、現在の個人レッスンは、大勢の生徒を前にして教室で九十分の授業をしていた時とは異なる、年齢の近い方々との「大人の時間」で、最近では、こちらの方が啓発されることが多いのではないかと思っている。

最後にヨガのこと……左ひざの半月板損傷で止めざるを得なかったテニスの「動」からヨガの「静」へ横滑りして早十年余り、血液とリンパの流れが良くなるという御利益を信じて毎週スタジオに通い、今やすっかり生活の一部に定着している。

以上、気の向くままに〝カオティック〟〈chaotic～chaos＝無秩序、混沌〉な日常を書き連ねたが、昔から「文は人なり」と言われているとおり、時間をやりくりして、寄り道や道草をしながら書き進めた本書が、「ああ、やっぱり、落ち着きのないB型人間が書いたものなのだ」と思っていただく参考になれば、少しは役目を果たしたことになるかもしれない。

では、続編『つれづれなるままに　旅のものがたり　2』に取りかかるが、前編が14章で終わっているので通し番号で「15章」から始めさせていただく。前著『旅のものがたり1』同様、今回の「まえがき」も長過ぎてしまったことを重ねてお許しいただきたい。

目次

つれづれなるままに

——旅のものがたり　2——

第15章

５回目のシンガポール

1997年２月～３月

空港内に咲くオーキッドの花

今度のシンガポール行きは、かつて駐在員の奥方として一家で数年生活した友人の、ホーム・カミングのような旅行に同道した旅であった。

夫は働き盛り、子供たちは勉強盛り、ほぼ一日ひとりで自由に時間が使え、且つメイドの居る優雅な生活は、いやがうえにも開放的な気持ちにさせてくれたはずだ。願わくは、私も一度は経験してみたかった憧れの生活パターンである。

帰国した当の友人から色々な話を聞いていたが、海外駐在員生活を体験したことのない私には、どれも興味をそそられるもので、そんな一家が彼の地でどんな生活をしていたのか、興味津々でもあった。

私達は二人とも多少の仕事をしていたので、二月の末から少々休暇をとって、二人でその地に飛び立った。今回予約した宿は小高いところに建つこぢんまりしたホテルで、おなじみのグッド・ウッド・パーク・ホテルのすぐそば、足の便の良い静かなホテルであった。

翌日から楽しいセンチメンタル・ジャーニーが始まり、何はともあれ先ず友人の「昔の我が家」に向かった。並木が日陰を作る坂道の中腹に建つ瀟洒な高層マンションはすぐ見つかり、建物の名前は変わっていたが間違いなく、エントランスの大きな門まで来ると、彼女の目が一瞬輝いた。

シンガポールの高層マンションには庭先にプールが付いていることが多いが、ここも例外ではなく、大きなプールがされいな水を湛え、白い建物をくっきりと映していた。プールの周りを豊かな緑が囲んでいるのも、今回宿泊しているホテルのプールと同じだった。

南の国の日常生活には、この設備はほぼ不可欠なのかもしれない。

建物の名称は変わっていたが、部屋番号は変わらず、かつての五階の「昔の住まい」まで難なくたどり着いた。大きな白い玄関のドアは手垢一つなく磨かれ、ここで数年を暮らした御本人は、さすがに懐かしそうで嬉しそうだった。

玄関の前で「自宅へどうぞ」と案内するような仕草でドアを指さすポーズをとった友人を、私は写真に収めた。

昔の住まいを、もう一度見たいという本人の願いは、並木が豊かな通りから入ったマンションの外観とプール、昔の住まいの玄関ドアだけの短時間であったとしても、一応叶ったといえよう。同行した者にはわからない万感の思いが溢れていたと思うが、それを訊ねることは遠慮した。

そのあと昔働いてくれていたメイドさんが会いに来てくれて、近くの気楽な食堂でお昼ごはんを一緒にした。久しぶりに再会した二人は当時のことを賑やかに話して盛り上がったが、一段落ついた頃、私も入って三人でおしゃべりが始まった。さっぱりした性格の、中国系の中年のメイドさんが、そのとき話したことで、今なおはっきり覚えていることが二つある。

一つは掃除の仕方、そして何と人生設計である。

「ともだちが、よく働いてくれたと言ってますよ」と私が言うと、家じゅうのお掃除に「洗剤などは一切使わなくても、よく水で濯いで絞った雑巾で、たいていの汚れは落ちるものだ」と高らかに答えてくれた。

長年の経験から割り出した方法なのであろう。たいていの日本の家庭に一本は「住まいの洗剤」などがあるが、彼女の考えでは、それは必要ないらしい。

そのほか、家事のベテランが次々に語る掃除方法は大変参考になった。


そして二つ目は、まことに耳の痛いはなしであった。

「日本の家は小さいですね～」と言い出したのだ。

「信じられないほど狭いスペースですよ」と実感を込めて二度も言い放った。

相手が日本人でも遠慮や配慮は一切なく、ましてや同席している友人は彼女の昔の「雇い主」であるのに、メイドさんは、そんな我々を前にして、自分の立場などにとらわれず、考えや意見を単刀直入に話し出した。

その心意気に私は一種爽やかさすら感じ、そこで聞いてみた。

「あなたは何処に住んでいるの？」

彼女は政府が建設した高層アパートの一室を買ったのだと言う。

シンガポールでは、自分の家は長期ローンを組んで「買う」のが通例だそうで、政府は「借りる」ことを奨励しないそうであるし、国民も買うほうが得策と考えているらしい。「仰せのとおりである」と私も大きく頷いた。

チャンギ国際空港の近くだそうだが、交通が便利なので、出かけやすいのだそうである。

この国は大きくはない（四国程度の面積）メリットを逆に最大限利用して、国民の生活に便宜を与えることを忘れず、順調に発展してきた実績がある。

建国（一九六五年八月九日）以来、政府の政策はおおかた、国民の希望に沿うよう考えられてきたのである。住宅政策もその一つ。持ち家制度を重視した政策は実に賢明だと思った。家は生活の基盤であり、その安心感があって初めて仕事にも打ち込めるからである。

その為か、市井の人々はこの国での暮らしに、ほぼ満足しているようで、乞食が一人もいないことを、以前タクシーの運転手が自慢して話してくれたことを思い出した。

友人宅で働いていたこのメイドさんも、福利厚生面での安心感から、先々の生活に不安なく元気に働き続けているようだった。資源のない小国が短期間で大きな成長を遂げたことも、このような国民重視のきめ細かい政策が基盤にあってのことなのだと納得した。

今に継がれる政策の根本理念は、言うまでもなく建国の父、リー・クアンユーが国民に残した遺産であったと今なお高く評価されているが、これに異論を唱える人は多分いないだろう。

国家の首長の権威がゆるぎないものであればあるほど、「自由にものが言える」国民の権利が得難いものになっていくのは周辺諸国を見ても明らかであるが、この国シンガポールではそんな心配はなさそうだ。

数年前建国記念日の八月九日に、たまたまシンガポールに行っていたが、シンガポールは一九六五年のこの日にマレーシアから独立し、当日は独立三十二年を祝う日であった。歓喜に充ちたパレードを、留学生の「長男」の家で彼の家族四人と一緒にテレビで見ていたのだが、やっと迎えた独立宣言後の小国の見事な発展ぶりは予想を越えるものであった。

今回のシンガポール一週間たらずの休日は、毎日まことにタイトな予定で埋まっていった。

ちょっとしたヴァカンス気分も味わいたくて、競馬を見に行ったり、対岸のインドネシアのバタム島へ船で出かけたりした。ヤシの木が鬱蒼と茂るトゥリ・ビーチ・リゾートは鄙びた感じがしたが、日帰り観光には良く出来ていて、この地域が観光に島の将来を賭けていることが見てとれた。

滞在も終わり近く、友人がシンガポールで親しくしていた日本人女性記者と会うことになって、三人でおしゃべり&食事を楽しんだ。日本語だけで話せる食事はやはり消化も良いようだ。

続いて翌日は、転勤先のシンガポール支店で友人の御主人と一緒に仕事をしていた方が、奥様と一緒に夕食の席を設けてくださり、個室で上等な中華料理を御馳走になった。二人共仕事を持つシンガポーリアンで、子供はいないDINKs。

当時の懐かしいお話に私は入っていけなかったが、聞いているだけで、駐在員のお仕事が垣間見えて楽しかった。

この御夫婦は、シンガポールの中心部の、しかも一戸建てにお住まいだそうで、コンドミニアム住まいの多いこの国では大変珍しいそうである。

二人共フルタイムで働いているので、週二回のメイドは欠かせず、掃除とアイロンかけに絞って家事を任せているとのこと。このお宅でも、メイドはフィリピン人だとか。彼女たちとは英語で意思の疎通が出来るので便利なのだそうだ。

高学歴の優秀なフィリピン人メイドも少なくなく、東京の英国大使館に知人を訪ねたとき、お茶などを出してくれたのも、修士号を持っているフィリピン人女性であった。夫や子供を国に残し、長く日本で働いているとのこと。この仕事をしている間に、地の利を生かして草月流の師範の資格を取っておくのだと、彼女は赤坂の草月会館の教室に通っていた。

現に、家事を手伝ってもらうフィリピーナを抱えている日本人の友人もいるが、今や、英語が出来る彼女たちは、日本駐在の外国人家庭でとくに「引っ張りだこ」なのである。

この旅は友人のおかげで、現地に住んでいる人たちと、日常生活に密着した「よもやま話」をする機会に恵まれ、今までとは少々違う体験をさせてもらった。こういう旅行は、実はなかなか出来ないもので、非常に印象深く、得難い機会であったと思う。

旅も終わりに近づき、一足先に飛行場に向かった友人を見送って、私は深夜のフライトまで時間があり、しばらくホテルで過ごすことにしたのだが、幸いなことに、ちょうどその時間を埋めてくれるかのように、夫のシンガポール駐在でホテルの近くに住んでいる旧知の留学生がホテルに来てくれるとの電話が入った。こんな有り難い申し出はない。

すぐに部屋をチェックアウトして精算を済ませ、玄関脇のカフェで彼女を待っていると、車が止まり、懐かしい笑顔が、入り口で待っていた私を見つけた。何年振りであろうか。「オヒサシブリ～‼」と私たちはハグをしてから、日差しが熱くなってくる午後の時間を考えて、鬱蒼と茂った木がガラス越し一面に見える涼しい場所に席を移した。

彼女は香港からの留学生だったが、夫は大学の同級生で日本人。学生時代、揃って我が家にも遊びに来ていたカップルである。

コーヒーを囲んで、いろいろ話が弾んだが、突然「今、家にお呼び出来なくてごめんなさい」と言う。

わけがわからなかったが、本人が言うには、子供も大きくなってきたので、司法試験を受けて弁護士資格を取る勉強をしている最中で、家じゅうが雑然としているからだと言う。要は、ここではメイドが雇えて勉強しやすいので、ここにいる間に資格を取得しておきたいのだと言う。

勉強好きの彼女らしい発想である。

ちなみに彼女の両親や弟は、中国が入り込んできた「香港返還」の時期に、揃ってイギリスに渡り英国籍を取得した。実業家の父が先を読んでの素早い行動であったのだが、私に言わせれば一言「正解!!」である。

そんなわけで、今となれば彼女は「香港からの留学生」とは言えなくなっている。彼女も先を読む力があって、平和な日本に住むためにも日本人を夫に選んだのであろう。相思相愛のお似合いのカップルであった。

今や成人した息子が一人いる。

思えば、夫の転勤でバンコクに行った教師仲間の一人も、メイドが雇えるうちにとタイ語を勉強し、チュラロンコン大学で修士号を取った。

彼女もまた駐在員の奥方だったが、専属の運転手にタイ語で応対してあちこち案内してくれた時は、夫と共に飛び込んだ異文化の日常を、自分なりに楽しんで生活しているのを見せてもらえて、貴重な思い出になった。

いつの時代も、前向きの女性たちが自分の能力に磨きをかけ、夫の転勤などをきっかけに、海外で更なる飛躍を考えるのは自然なことだろう。

だが、何らかの事情があって、その思いが果たされずに諦めるケースが少なくないのも現実である。

しかし、東南アジアで仕事をする女性たちが、生活の疲れも見せずに、元気に活躍しているのには、実はハウスメイドの存在があるのではないかと感じるようになった。家庭や子供を持つ女性が何かに取り組もうとする時、仕事以外の負担が多すぎるからだ。

「女性による女性のための日常生活の手助け」をしてくれる人が、社会の中でうまく機能していれば、前記の女性たちのように目的を達成できるのではないだろうか？　これは、何よりも新しいことに挑戦して成果をあげた本人たちが、第一に挙げた大きなポイントであったからだ。

彼女たちは駐在員生活をうまく利用して、自分のためにも生涯有効のお土産を作ったのだ。

しかし、一方で麻雀やブリッジに夢中になるタイプの奥方も少なくない。

子育ての最中でも家事全般を任せる人が家にいれば、後顧の憂いなく運転手付きの車で外出できるからだ。所詮は本人のお好みであろう。

異国での生活を自分なりに楽しめば、それでいいのだ。

後日、シンガポールのホテルに会いに来てくれた元留学生の彼女から、弁護士資格取得証明書のコピーが入った航空便が届いた。

そこには黒いガウンをまとい、合格証書を胸元に持つ満足げな写真も添えられていた。

「ベティさん、おめでとう!!」

第16章

イタリア紀行

1997年６月

アッシジの教会

一九八七年の夏、誘われるままザルツブルグ音楽祭に参加したことがあったが、この時と同じ出版社の社長御夫妻からのお誘いで、今度はイタリアに御一緒させていただいた。標題にはゲーテの名著『イタリア紀行』（一八一七年）を借用したが、同じ「紀行」でも、私たちの行程は、ローマ～アッシジ～フィレンツェ～ヴェネツィア～ミラノを十日ほどで駆け巡るプランであったので、一年十ヶ月に亘ったゲーテの旅とはまったくケタが違う。

ヨーロッパの六月は、その年も例外なく最高の季節であった。どこに行っても色とりどりの花が咲き乱れ、空気は澄んで空は青く、一日の天候は安定していた。この旅行をまとめた三冊のアルバムには、背後に青い空が目立つ写真が多い。しかも、ローマ、ヴェネツィアは十六年前に下見旅行で訪れた懐かしいところ。

詳しくは、前著『つれづれなるままに　旅のものがたり　1』第1章に。

しかし、この16章では、今回が初めての地、そして、これからも多分行くことはないだろうアッシジ Assisi を中心に取り上げることにする。

イタリアは昔から群雄割拠、覇権争いが絶えず、紆余曲折の末、やっと一八六一年三月にトリノを首都とし、ヴェネツィア、教皇領を除いた「イタリア王国」として成立した古くて新しい国と言える。

つまりは難産の末の国の誕生だったのである。

国王は権力闘争に勝ち抜いたヴィットーリオ・エマヌエーレ二世がおさまり、これをもって「イタリアの統一」とされるが、歴史を見ると、これに終わらず領地問題にまつわる権力闘争は、その後も鎮火することはなかったようだ。

また、各地に長年使われてきた独特の言語が多く、「イタリア語」として統一されたのも、さほど昔の事ではない。つまりは国も言語も「統一」に至るまでに相当の時間がかかったわけである。

あの長靴形の国は数々のオペラで名を揚げているが、実は血気盛んな国民性により日常的に演じられる市井のドラマが土台になっているのではないかとさえ思いたくなるほど、人々の感情表現は豊かで、街中などを歩いていると、周囲は何処もドラマの世界のように見える。

音楽的な抑揚をもつ言葉と芝居がかった振舞、とりわけ市場が面白い。

さて、アッシジはイタリア中部スバジオ山の中腹に広がる人口二万人強の小さな町で、正確にはイタリア共和国ウンブリア州ペルージャ県にある「コムーネ」と呼ばれる基礎自治体で、ローマとフィレンツェの中間に位置する。

アッシジに生まれた聖フランチェスコを讃えて建設されたサン・フランチェスコ大聖堂（一二二八年）や、アッシジの貴族の娘キァーラがフランチェスコの教えに賛同し、全ての財産を放棄して建てた女子修道院、サンタ・キァーラ修道院（一二五七年）などを抱え、この地は昔からキリスト教の巡礼地として世界各地から訪れる人が多い。

なお、女子修道会・クララ会は日本各地にもあると聞いている。

アッシジは中世に大いに発展した。

聖人サン・フランチェスコ（一一八二〜一二二六）の活躍により世界的に重要な聖地の一つとして成長していくのであるが、死後建てられた荘厳な大聖堂は、画家たちの活躍の場を提供することになった。新しく建てられた大聖堂内部の「装飾コンクール」がきっかけで、チマブーエ、ジョット、シモーネ・マルティーニなど後世に名を残す画家たちの登場を促すことになったのである。当時の画家たちが腕を競い珠玉のフレスコ画を制作したのは言うまでもない。その結果、現在でも、イタリア芸術を語るとき、アッシジは欠かせない所となっている。

更なる発展も見逃せない。アッシジから世界へと「平和への行進」という行事が行われるようになったのである。これはサン・フランチェスコの名のもとにペルージャからアッシジを目指して世界中の人々が共に行進し、平和の願いを世界中にアピールする行動である。ヨーロッパでは不満や怒りを表すストライキやデモは日常茶飯事であるが、この行進は、それとは違う前向きの意思表明といってよいであろう。

もう一つ特筆すべきは、ピアニストであり作曲家であるハンガリーのフランツ・リスト（一八一一～一八八六）とアッシジとの関わりである。

リストは聖フランチェスコに関わる二つの伝説に想を得て「小鳥に説教するアッシジの聖フランチェスコ」と「波の上を渡るパオラの聖フランチェスコ」（一八六一～一八六三）をローマで作曲した。

二年後一八六五年には、リスト自身がローマでこの二曲を公開演奏している。

――この二曲とも、YouTube で聴くことが出来るので、どうぞ。

そして、予想もしない結末が訪れる。

その時、リストの心の中では、どんな変化が起こっていたのであろうか。

華やかなスター音楽家は、この年、五十四歳で僧籍に入ってしまったのだ。

あの華やかなピアノ曲を生んだ天才作曲家の突然の転身が、人々を驚かせたことは言うまでもない。リストの曲は難解であるが、その生き方を思って弾いてみたら、また違う印象を持つかもしれない。

アッシジなどイタリアの村の風景が見たければ、長年土曜日の夕方、イタリア各地の村で生活する人々を撮影した『小さな村の物語　イタリア』（ＢＳ４）がお薦めである。普通の生活を送っている村の人々の哀歓を、ありのままに記録しただけの番組であるが、時折アッシジの風景が重なって見えてくることがある。

聖フランチェスコ大聖堂の壁に描かれたジョット、チマブーエのフレスコ画についてだが、ルネッサンスの生みの親と言われるジョットは、聖堂上部に聖フランチェスコの生涯を二十八面のフレスコ画に描き、下堂にはチマブーエが代表作「四人の天使を従えた聖母と聖フランチェスコ」を描いている。

ルネッサンス的とも言える温かみと優しさを湛えたこれらの作品は、いつの時代にも訪れる人々を惹きつけて止まない。ここは、中世を代表する芸術作品が現存する超一流の美術館と言っても過言ではないだろう。特に有名な作品「小鳥への説教」はジョットの二十八面の一枚で、上院（上階の意）を入ってすぐ左に飾られていた。静かな愛を表現してあたたかく、引き込まれ、なかなか立ち去れなかった記憶がある。

私たちがローマからアッシジに来て、サン・フランチェスコ大聖堂を訪れたとき、偶然にも此処の僧院に短期滞在しておられる日本人神父にお会いすることが出来た。数ヶ月或いは数年をここで過ごし日本に戻られるのだそうだ。

断ち切ることが出来ないアッシジでの修行を、一生続ける御意向と伺った。

朝な夕な、時間と共に色彩を変えていくウンブリアの丘一帯を遠くに眺め、中世そのままの静かな町並みを歩き、大聖堂で祈りを捧げる毎日だともお聞きした。日々信仰を深める神父様たちにとって、穏やかな自然に囲まれたアッシジは、願ってもない祈りと修行の地なのではないだろうか。

＊＊＊＊

文中「中世」「ルネッサンス」など、よく聞く時代区分は、諸説あり断定は難しいが、「中

世」はヨーロッパの場合、西ローマ帝国が滅亡した**四七六年**から、東ローマ帝国が滅亡した**一四五三年**とされ、ルネッサンス、宗教改革以降を**「近世」**と呼ぶそうだ。この章の舞台イタリアの「イタリア・ルネッサンス」は、**一四二〇年〜一六〇〇年**との説もある。
ジョット（一二六七〜一三三七）、チマブーエ（一二四〇〜一三〇二）は共に同時代を生き、多くの作品を残したが、「荘厳の聖母」という同名の作品を描いているのも興味深い。

＊　もっと興味がある方にお勧めの本：
『アッシジの聖フランチェスコ』ジャック・ルゴフ著　池上俊一、梶原洋一訳　岩波書店　二〇一〇年初版

第17章

グアムへの大家族旅行

1997年８月

グアム

親類など総勢十八名、高齢者を気遣ってビジネス・クラスを独占した形で短い空の旅を楽しみ、開放的なグアムに降り立った。

私にとっては一九九七年三回目の海外旅行である。

座席の座り心地や機内サービスが良かったので、疲れるどころか、もっと乗っていたかった快適な空の旅であった。何となく虫が知らせて計画を立てた家族旅行だったが、予想通り、このメンバーでは最初で最後の旅となった。その中の何人かは既に天に召され、年齢に逆らえず病を得て、もはや身動きができなくなっている者も年々増えてきている。

しかし、その頃子供だった世代は順調に成長し、健康な若者になり社会に出て活躍し始めている。真っ黒に日焼けして走り回っていた子も、今やダークスーツを着て出勤する社会人だ。

時は容赦なく歩みを止めず、タモン湾近くの海辺で総勢が並んで撮った写真は、あの時の思い出を残す貴重な一枚になった。

なぜかこの集合写真だけは、大きく仕上げられている。

＊＊＊＊

折しも、この章に取りかかろうとしていた時、私の母が亡くなった。二〇一九年三月十五日、享年一〇五歳、あと五日で一〇六歳を迎えるはずだった。しかも、バルセロナのカタロニア音楽堂でダニール・トリフォノフを聴いて帰ってきたばかりの、時差ボケも残っている深夜のことであった。

電話を受けた直後、十一年もの長きにわたりお世話になった部屋に駆けつけた。最期が近いとみたホームの方々がベッドを囲むように家具のレイアウトを変えて、家族との面会に備えて下さっていた。静かな音楽がいつも部屋に流れるようにCDがセットされていた。

私がバルセロナに行っている間に、ホームでは穏やかに最期のときを迎えられるようにと、職員の方々が心のこもった準備をして下さっていたのだ。出発する前の日に母に会いに行ったとき、部屋の中から竪琴を手にした女性が静かに出てきた。

医師との連携プレイで訪れてくれたようだった。あの柔らかい音色が母の枕元で奏でられ、次の世界に旅立つ道案内をして下さっていたのだろう。

カナダ人の宣教師の奥様が来てくださることもあったが、その日は静かな日本人の女性であった。お礼の言葉に、ただ優しい微笑みを浮かべて頷いてお帰りになった。

これは、ルーテル教会の活動の一つ、リラ・プレカリア（祈りのたて琴）と呼ばれる訪問演奏で、終末期を迎えている人たちの枕元で穏やかな音色を奏でる奉仕活動であった。ちなみにこの老人ホームはルーテル派の信仰に基づいて運営されており、近々一〇〇年を迎える日本で最古の老人ホームである。

しかも全室個室で、個人の生活が大切に考えられている。


ドライな娘の私が、弱っていく母の無事を祈りつつも、バルセロナで四夜連続コンサートを聴いている間に、ここ東京の長年母がお世話になった庭に面した明るい部屋では、細やかな心遣いをして下さり、去りゆく人を送る用意が進められていたのだ。

医師の助言から、加えて介護に携わる職員の方々の長年の経験から、介護のプロは、要観察の入居者の遠くない「その時期」を読み取れるのであろう。

この手厚い心配りに、ただただ頭が下がった。


穏やかな眠りについているとしか言いようがない母の顔と十日ぶりに対面した。

深夜に電話を受け、駆けつけた時は、亡くなってから二時間もたっていなかった。館内は寝静まり、庭から見える月がくっきり浮かんでいる雲一つない夜であった。

その夜の担当の方から、夜間見回りを三十分おきにしていたが、直前まで何の兆候も見られず安心していたら、三十分後に見回った時には、すでに呼吸が止まっていたと聞いた。十年を超える長い日々、ずっとお世話になった職員の一人が偶然その夜の担当で母は幸せだったと感謝した。深く何度も頭を下げ、繰り返しお礼を申し上げる以外に何もできなかった。

やがて定期的に診察して下さっていた担当医の内科の先生が検死に来られて、書類を作ってくださった。深夜に来てくださった先生にも唯々お辞儀をするのみであった。

皆さんが部屋から退出した後、なぜか涙も出ず、冷たくなった手を握りながら小さくなった母と向き合っていた。

長くお世話になった上、最期の時のために美しく整えて下さった部屋に、知らせを聞いた家族がぽつぽつと集まってきて、みんな無言で手を合わせた。

二日前まで、バルセロナに建つモデルニスモ建築を巡り、最後の夜には、ガウディの師でもあったモンタネールの最高の作品である「世界で一番美しい」と言われている音楽堂で、お目当てのピアニストの演奏に酔った強烈な体験は、一瞬にして何処かに消えてしまい、翌日から親族との打ち合わせ、見送る準備、お役所関係の用事などが次々と舞い込んだ。

母を見送った後、ふと思い出すのが自らを「美術家」と呼ぶ篠田桃紅さんのことである。桃紅さんは母と同年同月生まれで母より一週間ほど後に生まれている。

医者だった父を陰から助け、義母に仕え、子供を育て、孫や曾孫、玄孫まで与えられた母と違い、ひたすら芸術に生きた桃紅さんを、その作品や人となりに魅せられながら、私は長い間特別な目で見続けてきた。

母とほぼ同じ時に生を受けた桃紅さんは、いつも気になる存在だった。

この世代の人々は、第二次世界大戦に人生を翻弄された世代である。

戦後、世界に羽ばたいて活躍した桃紅さんとは対照的に内向きに年を重ねた母。最近読んだ近著『百歳の力』の表紙を飾る桃紅さんの美しいこと！

「尊敬する桃紅さん、母は昇天しましたが、どうぞお元気でこれからも制作を続けてください」

しかし、二〇二一年三月一日、桃紅さんは一〇七歳の人生を終えた。母と同じ生まれ月の三月、やはり老衰だったとのこと。母よりちょうど二年の長命であったことになる。九十歳を迎える映画監督篠田正浩氏は従弟に当たるそうで、満州は大連で生まれた桃紅さんの本名が満州子であったことも「大声人語」で初めて知った。

心から御冥福をお祈りしている。

＊＊＊＊

こんな現実を突きつけられたこともあってだろうか、珍しく親族が一堂に会して過ごした一九九七年の夏休みの日々が、特別の感慨をもって甦ってくる。

話を「大家族旅行」に戻すが、同じホテルに宿泊し、大きなプログラムには揃って動いたが、それ以外は各自好きなように過ごすことにして、夕食だけは一緒にとることにした。自己主張の強い親族であったので、こういうルールにしたのだ。

青い空、青い海、晴れ渡った暑い日が続いた後、その日は打って変わって朝から太陽は姿を見せず、かわりに鉛色の海の向こうからこちらに向かって来るトロピカル・ストーム“Bing”が、朝食レストランの大きな窓からはっきり見えた。何も遮るものがない海上を、転がるように迫ってくるところであった。

まるで確実に島を狙い撃ちに来るかのように。

このとき一行十八名全員は朝食をとるため同じところに集まっていたが、ホテル側から外出を禁止され、ストームが立ち去るまで室内に缶詰めになった。

テニスも出来ず、ドライブも出来ず、ただコーヒー・カップを片手に Bing が近づくのを見ているだけだった。全員が初めて見る光景だった。後にも先にも、嵐の目がこちらに向かって迫ってくる光景を誰も見たことがなく、ここに来て思わぬ体験をさせてもらった、と後で笑った。


翌日は再び晴天になり、朝から青空が果てしなく広がっていた。まる一日閉じ込められていたので、解放されたように、島のドライブに出かけた。

途中、島の歴史を垣間見る。それは観光客が訪れることの少ない「もう一つのグアム島」であった。


グアムには広いキャンパスを有する大学がある。

日本人戦没者の慰霊碑もある。

我無山（gamuyama）平和寺には南太平洋平和慰霊公苑もある。

十六世紀にはスペインの植民地だったので、スペイン風の廃墟も残っている。

そして、真珠湾攻撃の数時間後に日本軍が侵攻し、「大宮島」と名付け統治もしたが、敗戦の前年、一九四四年七月に米軍に奪還され、そこに住んでいた日本人二万人余りが玉砕して降伏したという悲しい史実もある。

市井の戦争犠牲者はこの島にも……。

太平洋近海での日本敗戦直前の悲劇は、ここにも襲ってきたのだ。

あちこちで見かけた慰霊碑や慰霊公苑の存在は、そのとき亡くなった日本人たちを弔うためであり、短命だった「大宮島」という名称も地図から消され、米軍はここに堅牢な軍事基地を造った。

その基地内に、日本人が建てた「須磨神社」が残されているとか。どんな気持ちから神社を建てたのだろうか？

極め付けは、二十八年間ジャングルに潜伏していた横井庄一氏が一九七二年に姿を現し、グアムが一躍有名になったことだった。人の目を避け、ひとり自給自足で畑仕事をしていたのであろう、近くの農民が見つけたそうである。

今回そのジャングルを見に行けなかったのは残念であった。しかし、そのジャングルが観光ルートに入っていたりしたら、もっと残念だったと思う。日本の戦勝をひたすら信じて生きた穴倉での二十八年は、想像を絶するものだったであろう。しかし、横井さんは多くを語らず、静かにこの世を去った。

もう一人、フィリピン・ルバング島から一九七四年に帰還した小野田寛郎氏がいる。マラカニアン宮殿での投降式で、当時のマルコス大統領から除隊許可を渡され、横井さん同様、軍服のまま帰国した。二人とも帝国陸軍の兵隊であることを最後まで忘れず、死を覚悟しての投降であったと記録されている。

今や日本人観光客で賑わうグアム島であるが、近くのサイパンと共に、太平洋戦争、特に敗戦直前の数ヶ月間に、幼い子供を含めて多くの犠牲者を出した悲劇の島であることを、日本人は忘れてはならないと思う。

二〇一九年五月一日から年号は「令和」となったが、平成の天皇・皇后両陛下が、戦争で犠牲になった人々を慰霊する旅でサイパンを訪れたとき、バンザイ・クリフに向かって深々と祈りを捧げられた。それは、この島で犠牲になったすべての人への深い鎮魂とお詫びの祈りだったのではないだろうか。

両陛下の後ろ姿は、気のせいか痛々しかった。

第18章

フランス・ベルギー二人旅

1998年５月

フォンテーヌブロー宮殿

時間に余裕ができたら、是非実現したいと思っていた手作りの旅がやっと実現した。この二つの国には、待ってくれている二組の夫婦がいたからだ。

彼らは母国の会社から日本に派遣され、東京で四〜五年暮らした経験があった。

私共を入れた三組の夫婦には何故か共通項があり、フランス語の障壁を越えて通じ合うものを感じ、長く付き合ってきた。年齢も家族構成も似通っていた。夫たち三人は偶然にも揃って化学が専攻で、それなりの話題を英語で話していたようだ。

しかし、この輪が出来たきっかけは、私の拙いフランス語を介してのことであった。

フランス生まれのニコルさん（以後、敬称は略する）には、原宿・表参道の教会・東京ユニオンチャーチの慈善昼食会で隣り合わせたことに始まる。

アメリカ人の知人がこの会に誘ってくれたので、出席したのだった。

このアメリカ人とフランス人女性二人は、アメリカ東海岸デラウエア州に暮らしていた時の友人だったそうである。二人の夫が、そこが本拠地だった世界的大企業で働く同僚で、共に化学者だったからであろうか、自然に親しくなったそうである。

そのアメリカ人ナオミの御主人と夫が東京での仕事仲間だった関係で、私に「レディーズ・ランチ」のお鉢が回ってきたのであった。

ナオミもかつては同じ会社で働いていた化学者であったそうだが、東京では声楽に打ち込み、小さなコンサートで私の伴奏で歌ったこともあった。

このナオミから紹介されたニコルが、私の隣席に座ることになったことから長いお付き合いが始まったのである。

ニコルは決められた席に座るときから優しい表情を崩さず、フランス語訛りのある英語で話しかけ、初めて会う私をホッとさせた。

ベネズエラのカラカスから転勤して来て間もない初めての日本駐在である。

数年は住むことになる好奇心からであろうか、多少の予備知識を交えながら、日本について色々な質問をしてきた。周りは殆ど外国人の婦人たちで日本人は少なく、私は恰好な回答者であったのかもしれないが、初めて招かれた昼食会で、顔見知りも少なく、いささか緊張していた私には、ニコルからの矢継ぎ早の質問が、居心地の悪いその場を救ってくれたようにも思えた。

その頃、頼まれるままに「日本語教師養成講座」の講師もしていたため、彼女の「日本あるいは日本語理解の方向付け」に多少のアドバイスは出来たかと思う。昼食会が終わり、立ち上がろうとした時、彼女は「また会えたら嬉しいのだが」と言って名刺をくれた。

私たちの友好な関係はこうして始まった。東京は広尾の、フランス大使館に近い住まいに伺うようになって、私は少しずつフランス語で話すようになっていった。

日本での勤務も終わり再度デラウエア州に戻った後も、パリ十六区に持っている住まいで「フランス人の生活」をしたいと、一年に数ヶ月は必ずパリで過ごしていたが、誘われるまま、時を合わせて私もパリに出かけていた。実は、このライフスタイル、御夫婦どちらも望んでいたからだそうである。

仕事とはいえアメリカに暮らして、機能的な日常に感心しながらも、パンを冷凍にして保存する時には、いつもフランスが恋しくなったのだそうだ。

いい香りを放つパン屋の前を通ると、ついつい誘惑にかられて焼きたてのパンを買いたくなるのは、旅行者の私も経験済みであるが、小さい時からそんなパンを食べて育ってきた二人には、冷凍庫から出すパンは何年暮らしていても馴染めなかったはずである。

心を通わせた友人になって、東京〜パリを何回も往復するようになった或る時、送られてきたメールを見て愕然とした。

それは病気が発覚したという知らせであり、以後送られてくるメールは、病気の治療、治療薬服用時の副作用の苦しさ等を書いた内容が大半を占めるようになり、開き直ったのか、子供たち孫たちに恵まれた幸せな人生だったことまで書き連ね、やがてはその先に待ち構えている現実を、あっさりと受け入れる文面に変わっていった。

私は返事の書きようもなく、複雑な気持ちで読み続けていた。

いつも、ただ励ますことだけの返事しか書けず、カリフォルニアにいる間に会いに行きたいと思い始めていた時、もう病気はかなり進行していたことがわかった。

最後に届いたメールから僅か一週間ぐらいだったか、療養を続けていたカリフォルニア州の次男の家から、息子たちが手配した個人用の飛行機で、東海岸へと最後の空の旅をしたと知らされた。

まもなく長男一家が暮らし、かつては自分も暮らし、先に逝った夫が眠るデラウエア州で、彼女は息子たち一家に見守られて息を引き取った。

どんな思いでニコルは人生を終えたのだろうか。

名状しがたい悲しみだけが長く尾を引いた。

人生最後の時期に、事の成り行きを細々としたためたメール数通は、いまだに私の受信箱に残っているし、航空便の手紙の束も箱に入れてまとめてある。

彼女が人生を畳むときになって、偶然にも彼女と私は同い年であることがわかった。出会ってから長い時間を経てからのことで、何かの弾みでお互い偶然に年齢のことを話した時だったと思うが、私たちは以後いっそう親しみを感じるようになったのは言うまでもない。

このニコルとのことは後にもう一度触れたいと思っている。

もう一人、親しくしていた人がいた。

ベルギーの首都ブリュッセルから来たジャクリーヌ。フランス人の友人にも同名の女性がいるが、響きのきれいな華やかな名前なので人気があるのだろう。夫君の研究の関係でデラウエア州ではないが、アメリカ西海岸に暮らした経験がある同じ化学者であった。今はピアノを楽しむ優雅な御身分。

しかし自らを、今は時々夫の仕事を手伝う「パートタイム研究者」なのだと言っていた。

ベルギーはフランスのお隣のこぢんまりした国であるが、首都ブリュッセルは、しゃれたデザインのEU本部があることや、代表的な国際ピアノ・コンクールの一つ、エリザベート王妃国際ピアノ・コンクールが開かれることでも有名である。

ちなみに、ここ数年先のコンクールの予定は次のように決まっている。

しかしコロナ禍の影響を受けて、コンクールの日程は大幅に変更された。二〇二三年声楽、二〇二四年ヴァイオリン、二〇二五年ピアノ、二〇二六年チェロ。

フランスと同様おいしい料理、チョコレートやワッフルなどのお菓子も有名で、ビールもなかなか味わい深い。

ちなみに、EU＝欧州連合はイギリスが加盟を断り話題になったが、二〇一九年の時点で、二十八ヶ国が加盟している。面白いことに、連合に送り出す議員の数は、加盟国の人口に比例して、例えば、ドイツ八一九人、フランス七十四人、人口の少ないマルタは六人など。こういうのを合理的な考え方と言うのであろうか。

さて、東京に住んでいた頃、このベルギー人の御夫婦は、好物の和食は言うまでもなく、彼らにとっては「極東」に位置する日本の文化や歴史、漢字などの文字・言語にも並々ならぬ興味があり、休日には二人で日本各地の小旅行に出かけていた。東京だけが日本ではないと考えていたからだ。

とくに自称「パートタイム研究者」のジャクリーヌは時間に余裕があったので、「大卒国際婦人会」とでも訳せる国際友好団体に参加して、日本に対する興味の範囲を拡げていった。

私はここに入会して長いが、出入りの頻繁な外国人メンバーは三～五年の在籍がいいところである。

夫の日本駐在期間が大体それぐらいであるからだ。

そんなグループで私たちは出逢い、親しくなったのだった。ニコルとは少々異なる出逢いだったが、フランスとベルギーはお隣同士、その共通点にも微妙な違いがあった。

夫の任期が終わり、日本を離れ、この団体を退会してしまうと、数年間の親交も何処へ？「梨の礫《つぶて》」の人も多いなか、ジャクリーヌのように、いつまでもコンタクトを続けてくれる人も少しは居て、見送った側をほのぼのとした気分にさせてくれる。本来はアメリカ人が主流の会であるのに、彼女たちは意外にあっさりしているのが面白い。

ジャクリーヌは国に帰ってからも、夫と共に時々日本に来て、古都をゆっくり旅行するのを楽しみにしていた。金沢が好きで九谷焼用の戸棚は見事な器で隙間もなかった。来日すれば必ず連絡してくれるので、お食事はもちろんのこと、関東近辺を旅行する時には、お供をさせてもらったこともあった。

私のほうが、コンクールに合わせてブリュッセルに出かけた時は、ファイナルに至る通し券を買っておいて下さり、予選や本選を一緒に聴きに行ったたし、田舎の家にお邪魔して庭や畑仕事を手伝ったこともあった。

温厚な御主人が突然亡くなったという知らせが届いたのは、最近のことである。生木を裂かれたようなジャクリーヌはすっかり弱ってしまい、淋しいのであろう、次のピアノ部門に来るのか？　と何度もメールが来るので、今のところ毎回「OUI」と答えている。

一九九八年五月に私達夫婦が海を越えたときは、フランス・ベルギーの二組の御夫婦四人は皆さん健在で、パリやブリュッセルで、お互いリタイアしたのだから、これから大いに楽しもう!!　と乾杯ばかりしていた。国は違っても万感の思いは変わらず、面倒な言葉より乾杯にすべて込めていたのであろうか。

自ら望んで入った会社で打ち込んだ仕事に充足感があったからだろう。何十年もかけて懸案の仕事を終えた安堵感も手伝ってか、同じぐらいの年齢の人間が人生の転機に抱く微妙な共感が、三人の男性達を結び付けていることを私は身近に感じていた。

実験を繰り返し、結果を残していく理科系の仕事をしていた人間が、等しく味わう特有の達成感であろうか。

日本ではお目にかからない“Happy Retirement”のカードを交換するほど、欧米人が楽しみにしている「ずっと待っていた時」がこの人たちにも遂にやってきたわけで、人生の分岐点に立つ感慨はお国柄で微妙に異なるのではないだろうか？

今二〇一九年五月、あの年の五月から二十一年が過ぎた。あの時意気揚々とリタイア後の自由な生活を前祝して乾杯ばかりしていた三夫婦六人も、この間に一人、二人、三人と旅立ってしまった。

フランス人のギュンターとニコル夫妻は共に天国に。

そしてベルギー人のジャクリーヌも夫を見送った。

しかし、ジャクリーヌは一人になってからも、住み慣れたブリュッセルの中心部にあるアールヌーボー様式のしゃれたアパルトマンでひっそりと暮らしている。楽しみは、ピアノであろうか、子供たちや孫たちがやって来ることであろうか、夫との生活を思い出す時間であろうか。

日本滞在中に集めた九谷焼の銘品を大きな戸棚にまとめて飾っているが、金沢が好きだった夫妻が、出かける度に買い求めた味わい深い焼き物は、一人になった今も、夫と過ごした日本を思い出し、心癒してくれているのであろう。

ニコルが好んだパリ十六区のアパルトマンは今どうなっているのかしら？　私共夫婦が凱旋門から歩いて訪れたあの瀟洒な住まいには、いったい誰が住んでいるのだろうか？　二人の息子たちとの音信はすでに途切れている。

刻一刻と確実に過ぎていく時間の流れの中で、私達の普通の生活も容赦なく変わっていく。逆らえない速さで。

＊＊＊＊

余談になるが、二〇一九年十一月にパリに行く予定がある。パリに暮らしたショパンの足跡を辿り、ジョルジュ・サンドの故郷ノアンも訪れる興味深い旅である。

今まで足を踏み入れたことのないホールでのアルゲリッチの演奏会（演目はショパン：ピアノ協奏曲第1番）なども組み込まれ、母を見送って以来久しぶりの「私の休暇」に備えて、サンドの手紙をまとめた分厚い本などを読んで少しずつ準備を始めている。

手紙の大半は、パリの友人、知人宛てに生活費の送金依頼やパルマでの愚痴で、不慣れな土地での不自由な日常をあからさまに書いている。

病身のショパンの療養のためにやって来た島なのだが、病弱の子供を連れ、召使いを伴い、夢に描いた優雅な静養とは全くかけ離れた日々の生活のための格闘が続いた。この地中海に浮かぶ小さなマジョルカ（マヨルカ）島パルマでのサンドの奮闘ぶりは意外であり新鮮である。

文章力に加えて生活力も逞しく上流社会で浮名を流していたジョルジュ・サンドの人間像は、この本を読んでいささか変わってしまった。

第19章

クアラルンプールの日本人

1999年４月

クアラルンプール

我が家の元留学生の「長男」が、マレーシアの会社で仕事をしていた時期があった。ある日、彼の日本人の奥さんから「もうすぐここを引き払うので、遊びにきませんか?」というお誘いの電話を受けた。ちょうど春休みであったし、授業の準備も必要なく気軽に出かけられる状態だったので、その電話で日程を煮詰め、それに合わせてＪＡＬの往復チケットも手配した。今回はホテルの予約は不要で、彼らの家で過ごすよう勧められ、アメリカに留学中の次女のシャワー付きのお部屋を使わせてもらうことに決まった。二階にあったせいか明るく風通しのよい広い部屋で、滞在中、夕食後は清潔な大きなベッドで一日の遊び疲れをゆっくり癒すことが出来た。階下には「長男」夫婦がいるし、何一つ心配なく夜はぐっすり眠れたのが旅先では有り難いことだった。

今回の旅行は珍しく一人旅で、受け入れ先のご夫婦がホストファミリーということだ。十時間にも満たない空の旅を終え、黒川紀章が設計した新しい空港に定刻に到着、「長男」夫婦の出迎えを待った。モダンな空港内部は意外と静かで行き交う人たちも穏やかな表情で救われる。

こうしてイスラム教の国での第一日目が始まった。

クアラルンプール＝ＫＬも、この時期、高度成長期にあったのだろう。車の渋滞が激しく彼らの愛車アウディも到着が大幅に遅れた。

おまけに建築ラッシュで、伝統的なイスラム様式の寺院に交じって斬新なデザインの高層ビルなどが次々と立ち並び、街は活気に満ちていた。

誰の目にも入る通称「ツィンタワー」と呼ばれるシーザー・ペリ設計の高層ビル「ペトロナスタワー」（四五二m）は、とりわけこの都市のランドマークになっているが、訪れた前年に完成したというタワーの出現は、KLの都市開発にとりわけ大きな刺激を与えることになったようだ。面白いことに、このツィンタワーの工事は韓国と日本の建設会社が一棟ずつ建設を担当したそうである。二棟の出来不出来は「諸説あり」とのことだが、イスラム風の尖塔を持つ面白い建築は、この街によく調和していた。

都市を魅力的にするにはどうすればよいか、都市計画を成功させるためにも、建築は確かに大きな役割を担っているはずである。建築が造り出す街の景観は、人を呼び込む条件の一つでもあるからだ。

御存じだろうが、マレーシアと日本は友好的な関係を続けている。

定年退職者の日本人が移住先や長期滞在先にマレーシアを選ぶ人が多いことも興味深い。それには納得できる理由があるからだ。

英語が通じ、物価が安く、食事も日本人の好みに合っていて、親切で穏やかな国民性も安心材料なのだろう。

ＫＬから少し離れた高地に爽やかな気候で人気のキャメロン・ハイランドがあるが、この旅行の数年後、エリザベス女王も御愛飲という紅茶の工場を見たくて再度行ってみたのだが、すでに日本人のコミュニティが成立していることがわかった。

充実した住まいや環境に満足して「年金からお釣りが来る生活」を求めて移住する日本人定年退職者たちが暮らす英国風のコンドミニアムの多さにも驚いた。今ではあまり話題にも上らない「定年後の海外移住」であるが、二十年たった今、その団地がどうなっているか定かではない。

「海外移住」などという言葉など今や見ることもなく、定年退職者が懐具合と相談して決める「理想の老後」観も変わったのであろうか？　最近では「移住」よりも「長期滞在」型が注目され、タイのチェンマイなど、寒い冬を逃れてやって来る日本人シニア層などが増えてきているとか。

マレーシアと日本の友好関係で忘れてはならないのが親日家マハティール首相である。彼が唱えたLOOK EAST政策は、今や古語になってしまっているが、当時何かとアジア諸国からヒンシュクを買っていた日本にとって、この政策展開は力強い味方になり、アジア諸国との関係改善のみならず、マレーシアと日本の友好も以前にもまして強まったのである。一九二五年生まれ、満九十二歳を過ぎて元気に首相に返り咲き、二〇一九年現在も、首相として変わらぬ親しい視線を日本に向けてくれるのは有り難いことだ。御自身は医者であるが、息子や娘も日本に留学させている。

少し遠いけれど良き隣人を持つ幸せを日本政府は大切にすべきであろう。

いつだったか、やはりマレーシアに向かう飛行機を待っているとき、日本の高校生の一団に出逢った。聞けばＫＬ（クアラルンプール）に二週間ほど行くと言う。

「修学旅行なの？」「それも兼ねて」

彼らはＫＬに英語研修を受けに行く生徒たちだったのだ。英語を学んでから異文化体験をするのだそうだ。今では珍しくない高校生の海外修学旅行に、この学校は「もうひとひねり」を加えたのだろう。

時代を読んだいい企画だと思った。

"Enjoy your stay !!" "Thank you !!"

後で知ったことだが、日本人高校生のマレーシアでの英語研修はマハティール首相肝いりのプログラムの一つであるらしい。何度も来日して、日本人の英語表現力の弱さを感じていた首相が、マレーシアがかつて旧宗主国だった英国のお陰で、多少なりとも英語には慣れていることを実感し、日本の若者への贈り物にしたのではないだろうか。

ちなみにアジア諸国で植民地にならなかったのはタイと日本である。かつて宗主国を持ったことのある他の国々は、マレーシアを含め多少なりとも欧米語に通じていることは周知の事実であろう。

日本人の本質を理解し親しみをこめて接してきた首相が、一時政界を引退して近年返り咲くまで、パン屋さんを営んでいたという微笑ましい話を聞いているが、そのとき一緒に働いていたのは日本人だったそうである。

＊＊＊＊

この稿を書いている時、つまり、二〇一九年九月九日の未明、珍しく関東地方・首都圏に大型台風がやってきた。主として静岡・神奈川・千葉の太平洋沿岸の地域に被害が大きかった。翌日、ＰＣで運ばれてきた各国のニュースの中でも欧米や東南アジアの有力紙が、被害の状況を写真入りで史上稀なる台風と大きく報道したのだ。日本を襲った台風がこのように仔細に報じられるのは珍しい出来事である。

私達日本人は今回の台風を十五号台風と呼んでいるが、彼らの新聞には、Typhoon Faxai と書かれ「今年十五番目の台風」と添え書きされている。これまた面白いことに、この Faxai という名前はラオス人の女性の名前なのだそうだ。

十月、長い夏休みを終えて戻ってくる欧米の人たちに再会するときには「Typhoon Faxai」と言ったほうが分かりやすいであろう。Faxai が来る少し前には北大西洋バハマ諸島でも大型 Hurricane Dorian が町をほぼ壊滅した。

もう一つ Cyclone という名の嵐があり、これはインド洋・南太平洋近辺を襲い、名称は違っても荒れ狂う大嵐には違いない。

追い打ちをかけるように、十月十二日に最大級といわれる大型台風十九号が静岡を皮切りに関東地方一帯を襲った。名前は Hagibis、フィリピンのタガログ語で Speed の意だとか。そう言えば、以前グアム島で体験した嵐は、現地では Tropical Storm と呼ばれ、名前は Bing であった。

いろいろあるのですね。

＊＊＊＊

KLでは、国費留学生のホストファミリーだった私たち家族の「長男」の奥方T子さんが、日中は仕事で忙しい夫に代わって街を案内して下さったが、そのどれもがイスラム式建築の美しさを堪能できるものばかりであった。いずれも端正で堂々とした風通しの良い空間で、窓などはない。大理石の床に座ると、外には大きな樹々が真っすぐ空に向かって伸びているのが見え、日差しの強さを逃れてきた私たちは、外に出たくなくなったものである。

ある日、この街に住む日本人女性数人と内海の向こうにある保養地に連れていって下さった。マレーシアの国旗をはためかせた小型のボートに乗って渡ったところは、街の喧騒を逃れ、海風に当たりながらゆっくり出来る静かなところだった。その地域は The Mines Resort City と呼ばれ、食事に入ったところは Palaces of the Golden Horses という仰々しい名前の離宮のような大きな建物だった。薄暗い館内に人影はなく、私達が全館を借り切ったようで、レストランに通された私たち五人は、自己紹介もそこそこに、次々供される美味しい盛り沢山のランチを分け合って賞味した。

T子さんの友人たちは、みんなKLで働く女性たちで、初めて会ったのに親しみやすく健康そうで明るかった。細かいことには触れずとも、初対面の私とも、すぐに意思の疎通ができる感じがあって大変居心地が良かった。それぞれが満足して、この国で働いているのがわかり、自分の才能や技術を伸ばすことが出来る国だと考えているのだろう。異国住まいには多少の不便もあるだろうに「すぐにでも帰国したい」などと宣う人は一人もなく話題頻発で、あっという間の賑やかなランチであった。

この国が当時一番欲しがっていた建設関係の仕事などは特に需要が多いそうで、日本人の誠実かつ正確な仕事ぶりは、比較されるからこそ高い評価を得られているようだ。日本国内では見えにくいことも、海外では日本の真価が見え、その貴重な評価が日本人技術者の自信を固めていくようである。

誠実な仕事ぶり、技術の高さ、人の和、思いやりなど、国内では見えにくい日本人の良さが、ここマレーシアでも好感を呼んでいると確信した。マハティール首相がそれを見逃さず、深く感じ入り、変わらぬ好意を示しているとすれば、こんなに嬉しいことはない。

九十二歳で首相に帰り咲いた元気なマハティールさんも、いよいよ政界から身を引く決意をしたのか、今日、二〇一九年九月二十一日のシンガポールの新聞 The Sraits Times によれば、Dr. マハティールは二〇二〇年五月にも政権を移譲する考えだと発表したと報じた。後継者には現在七十二歳のアンワル・イブラヒム氏が最有力だが、他数名の候補者の中には現首相の息子も候補に挙がっているそうである。

しかし、何故か一週間ほどたって、やはりもう少し政権の座に残るとの発言があったらしい。マハティール氏の後継者と目されているアンワル氏はやる気じゅうぶんであるのだが、今の時点ではこの先どうなるものか、誰もわからない。アジア諸国での政権交代がいつも一筋縄で運ばないのは、今に始まったことではないが。

＊＊＊＊＊

もう一つ、この章で何度か使われた「留学生」という名称について、私見を述べて、この章を終わることにする。

このところ、日本で働くことを目的に日本語学校に入り、毎日何時間かの勉強を義務付けられ、その時間や出席日数をクリアすれば、あとはひたすら働き、国の親族に生活費を送金する若者が増えている。人手不足の今の日本で、雇用者側からはありがたい存在であることは確かであるが、彼らにとっては、日本語学校に在籍することは、日本で働くための重要不可欠の「手段」で、渡航費など多額の借金をしてまでも来日している若者達にとって、借金の返済と家族への仕送りが日本での必要欠くべからざる役どころであるからか、前夜の仕事で疲れ果て、朝の授業では居眠りをする者が少なくないのは今も昔も変わらないようだ。

そんな彼らを「留学生」と呼んでいることに、かねてから疑問があった。

私が日本語教師養成講座で講師をしていた頃は、このような若者を「就学生」と呼び、「留学生」と分けていた。将来日本語の先生になる方達に、来日している外国人の若者にも実は大きな違いがあり、難関な留学生試験を突破して学問や技術の習得を目的に来日する学生と、仕事目的でやってくる若者達が、同じ資格の外国人留学生とは言えないことを指摘していた。この二つの名称は当時一般的に使われていたもので、ましてや私が造った名称ではない。それがいつの間にか消えてしまっているのには驚いた。

「留学生」には国費と私費があるが、あくまで「学ぶことに専念する」点で目標は同じである。特に国費留学生は日本国政府から充分な滞在費用を与えられ、大学院生は更に増額されるから、働く必要はないはずである。

こうして日本の大学で思う存分勉強した学生は、それぞれ自分の国に帰って、国のために貢献する人生を送るのが平均的なパターンである。

Dr. マハティールと二人の子女がどんな資格で日本留学をしたかは知らないが、学問が目的だったことは確かである。当方の「息子」も国費留学生の試験に受かり、日本政府からの給付金で国立大学の工学部を卒業、自国の企業で働き、現在に至っている。まさに文部省（当時）の主旨の通りの留学であった。

最近出版された『レバノンから来た能楽師の妻』（岩波新書　二〇一九年十二月）の三十四ページに、著者・梅若猶彦夫人マドレーヌさん自らも、国立大学大学院に入るため、日本政府から「文部省奨学金」を受給していたと書いている。

誤解を招かないために、ここで就学生なる者が、留学生と能力に違いがあると言っているのではないことを断っておく。

第20章

ウインブルドン観戦記

1999年６月

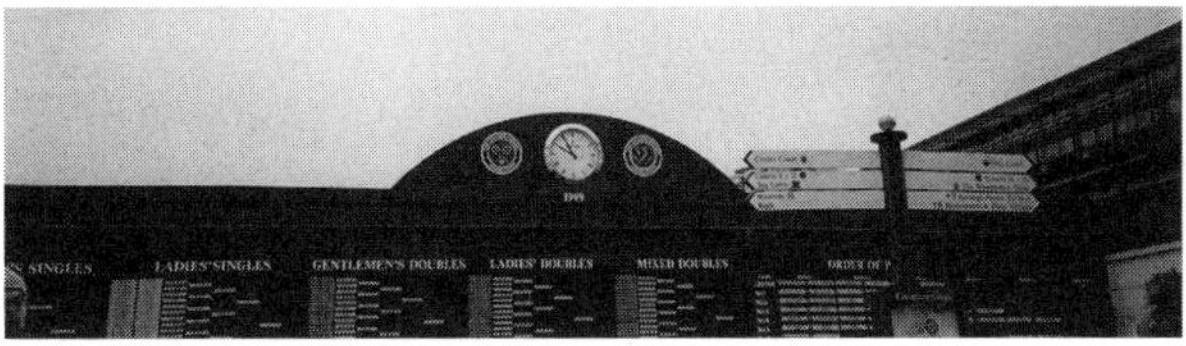

イギリス　ウインブルドン

この年二度目の海外である。私共二人の半月ほどのイギリス旅行の日程は、テニスの世界四大大会の一つウインブルドン大会の決勝戦の日取りに合わせ逆算して計画されたものだった。こうして書けば二〜三行で済むことだが、実は「計画立案」までに、実に長い時間がかかった珍しい旅行となった。

イギリス在住の駐在員の方々のお力を借りて、容易にはゲットできない決勝観戦チケットを何とか入手していただくことから旅の準備は始まったのだが、周知の通り、これはかなり難しいことで、ロンドン在住の日本大使館館員ですら至難の業なのだと聞かされていた。やはり大銀行の駐在員として数年間イギリスに滞在していた友人も例外ではなく、センター・コートで決勝戦を見られなかったことが、心残りの一つだと常々言っていたので、時間が経つにつれ、どうも私共の高望みは、そう易々とは実現しないのではないかと思い始めていた。

この最終日を目指して世界中からテニスファンがやって来るのだから、わからないでもない。人気のある有名選手が決勝に出るとなると、その試合のチケットをゲットするなんて至難の業であることは、イギリスに在住した人からも度々聞いていたので、最初から悲観的であった。

世界中から参加しているツワモノたちとの試合を制覇し、センター・コートまで昇り詰めてきた選手たちのプレイを、一目観たいというテニスファンは、今も昔も変わらないようだ。

決勝観戦チケット二枚さえ得られれば、私達のイギリス旅行は、それほど難しくなく計画を進めていけるのがわかっていたので、吉報が飛び込んで来るまで、スリリングな気持ちで数ヶ月、忍耐強く返事を待った。ＯＫの返事さえ来れば、行程を決め、宿の手配なども直ぐに始められるのだから、「とれた」の一言を聞くまでは落ち着かない日々であった。

私はその頃、杉並・善福寺のテニスクラブで、毎週一回テニスのレッスンを受けていた。広々とした敷地には、四季折々、コートを取り巻く木々が、カタチや色を変え、桜の満開時にはお花見までしながら、広いコートに響き渡る「パコーン」という音とラリーを楽しんでいた。

コーチと一〇〇回ラリーを達成させて、大いに褒められてからは、意気が揚がり、中上級に進んでますます夢中になっていった頃、試合の最中に、隣のコートから飛んできたボールが膝に命中したのである。辛い左ひざだったので、車を運転して帰宅できたが、半月板損傷と診断され何とか手術は免れたものの、テニスは禁止と診断され、十年余りで私のテニス生活はあっけなく中断することになってしまった。

それ以後八ヶ月間というもの、私は半ば身障者のように暮らし続けた。

しかし、ウインブルドン行きを考えたのは、ちょうどその事故に遭う前であった。足が不自由では旅行の楽しみは半減する。本当に運が良かったのだ。

気候の良いイギリスの初夏、この時期、全国各地から美味しいイチゴが集まってくると言われるテニスの聖地で、お目当ての選手のプレイを見たいという思いが沸き起こったのも、文字通り「思い立ったが吉日」だったのであろうか。

ついにイギリス在住の方々のお陰で、待ちに待ったチケットが確保されたと知らされ、私たちの長年の願いが叶ったのだった!!

支店と取引のあるイギリスの会社の方が相当尽力して下さり、しかもテニスをよく知る方が奔走してくださったとのこと、改めて喜びと感謝が交差した。

確保してくださったのは、願ってもない縦長のコートを挟んで遠くに貴賓席と対面する中央の席、背後の少し高い位置には試合を実況するTV局のブースがある理想的な席である。

ボールを追って首を左右に振る必要がなく、試合の流れが捉えやすい位置である。テニスに通じた方の配慮があったからこそ、このような理想的な席を確保して頂けたのであろう。言葉では言い尽くせない嬉しさと、吟味してこの席を確保して下さった方々には、感謝、感謝、感謝のみであった。

言うまでもなく、この吉報に喜んだ直後から、手作りのイギリス旅行は急ピッチで具体化していった。

スコットランドのエジンバラを皮切りにイギリス各地を巡る大まかなプランと、数ヶ所の宿の予約もネットで希望通りに落ち着いた。

最優先のウインブルドンの日程を避けて、お世話になった日本人駐在員の方々、同僚のイギリス人の方々にお会いする日の設定から始めたのは言うまでもない。

私共にとってイギリスは初めてではないので、ロンドン市内は買い物だけにして、今回は少し遠出をすることにした。しかし、宿を転々と移るのは煩わしく、ロンドンをベースにして予定を組むことにした。こんな計画を知った現地在住の方々には、数日間ではあるが、それぞれの愛車を運転していただくことになってしまったが、お陰様で前々からよく聞いていたイギリスの田園地帯の風景の素晴らしさ、広告・看板の類いが一切ない自然の美しさ豊かさを満喫させていただいた。季節も天候も良かったのも幸いであった。

ロンドンを少し離れると、穏やかな低い山並み・ハイランドが姿を現す。そのなだらかな曲線は途切れることなく、私達のドライブに何処までもついてくるのだ。遠くに見えていたハイランドが、やがて姿を消したかと思った時、車は羊が遊ぶハドリアヌスの城壁（ハドリアンズ・ウオール）に着いていた。

紀元一二二年ローマ帝国のハドリアヌス帝が北方民族の侵入を防ぐため築かせた長い壁である。今のイギリス、当時のブリタニアは紀元四三年からしばらくローマ帝国の支配下にあった。大昔ローマ人が海を渡り、ここまで攻めに来て残していった広大な丘陵地には、ハドリアヌス帝にまつわる小さな記念館がポツンと建っているだけの、イギリスの北の果ての原っぱでしかない世界遺産である。

当時のローマ帝国の戦力の凄さはさておき、私はこの草原の小高いところに残る大きな戸外浴場跡が気になった。これもまたローマ軍が残した「史跡」なのであるが、言ってみれば放置され空に向かって大きな口を開けている「くぼみ」なのである。

戦士に英気を養ってもらい連勝を期待するローマ人の上官が、この地に来てまでも大浴場を作らせたということに私は興味津々であった。御当地イギリスの軍人たちは、これを知ってどんな反応を示したのであろうか。

この大昔の要塞にたった一つ開いていた可愛い売店で買った小冊子、“HOUSESTEADS ROMAN FORT” by J. G. CROW には、この北の果ての高地に建設された砦の見取り図、航空写真、図面から復元された砦全体の昔日の姿などが収められ、一九〇〇年前のローマ人の並々ならぬ底力を見せつけられた。

日本人も風呂好きである。あの帝国陸軍の上官が兵隊のために気を遣ったとすれば、それはどんな事だったのであろうか。ちなみにイギリスにはバース Bath という温泉で有名な町があり、観光地になっている。これもローマ帝国の支配下の紀元一世紀には大浴場と神殿があった場所だそうだ。

訪れる人々の目を惹きつけてやまない小高い丘の上に建つ三日月型の美しい建物が、この地の景観をとりわけエレガントにしている。イギリスに詳しい友人などは此処バースにだけ滞在する予定を組み、長い逗留を楽しんでいる。熱海などの湯の町、温泉街とは趣の異なる自然が豊かなところだから、心身ともに休まったことだろう。難関の大学受験を突破した御長女との癒しの旅行だったそうで、この地を選ぶとは「さすが！」と感心した。

長く駐在している方が面白い予定を組んで下さり、田園地帯にそびえるお化けが出るというホテルを予約して下さっていたことがわかり、突然知らされびっくりしたが、次の瞬間、怖いもの見たさに胸を躍らせた。

昔、その屋敷で何が起こったのか、お化けホテルの歴史は何も知らないが、ホテルの案内書が面白い。"No Ordinary Hotel" とのこと。Durham の小高い丘に聳え立つ Lumley Castle Hotel がそれである。

夜中に何か起こるか、と聞き耳を立てていたが、結局何も起こらず、この館の内部を覆いつくしている古めかしい重厚な貴族趣味のみが目に焼きついた一晩であった。

翌朝階下の朝食に降りて行くと、客たちは何事もなかった顔つきで低い声で話しながら静かに朝食をとっていた。

車に荷物を積んでいる時、お隣の車の御婦人が「昨夜、お化け見た？」と笑いながら聞いてきた。お互い「残念だったわ」と大笑い。

物好きな人たちがお化けを見たくてこの立派な屋敷にわざわざ泊まりに来るのであろうか。

駐車場には相当な数の車が並んでいた。

決して安くはない田舎町のホテルに、わざわざ車を飛ばしてやってくる。

体験談をたくさん抱えて、社交の話題に提供したい人にはうってつけのお宿であろう。

今回は、エジンバラで二泊、このデューラムで一泊、ロンドンで十一泊、という変則的な旅程であったが、ロンドンでは私の好きなチェルシー地区の五十九室しかない昔の個人住宅を改造したホテルに連泊した。外観はビクトリア風のタウンハウス。ホテルとはとても見えない佇まいであるが、こぢんまりしているだけに細やかな心遣いが行き届いていて、居心地がよかった。

そんな時代物の建物ゆえ、エレベーターはなく、毎日多少軋む階段をひたすら上り下りしなければならなかった。古いとはいえ、ここは「おばけ」の世界とは無関係。

室内の家具はすべてアンティークで、玄関を入って直ぐのサロンには、いつも熱いお茶と手作りのお菓子やサンドイッチなどが用意されていたので、部屋に戻る前に立ち寄っては一休みをすることにしていた。一日中歩き回り、公共の乗り物に乗って無事ここまで戻ってくると、安堵感と安心感が入りまじり、玄関に一歩踏み入れると自分の家に戻ったような解放感に包まれ、大きな肘掛け椅子に体を埋めて、温かい紅茶の香りを吸い込むと、もうそこは「ロンドンの我が家」、お茶を気遣って時々現れる人たちと二言三言今日のことを話し、四方山話などしてから階段を上がるのであったが、このお決まりの儀式は飽きることなく実に十日間も続いたのであった。

＊＊＊＊＊

今日二〇二〇年二月六日で書き始めてちょうど一年になった。我がアイドル福山雅治サンも五十一歳の誕生日を迎えたということになる。今年は昨年と違い朝から雲一つない晴天、北風が吹いていなければ春が来たような日である。

きっと暖冬なのであろう。

しかし、中国・湖北省・武漢が発生地と言われる新型コロナ・ウイルスが世界中を席巻して、日本人の感染者も日々増え続け、どこに行ってもマスク人間が目立つようになった。

クルーズ船で中国などから帰ってきた多くの日本人観光客も、横浜・大黒ふ頭に停泊して目前に日本の風景を見ながら下船を許されず、船内の、しかも客室で待機するという気の毒な結果になっている。

窓やバルコニーがない船室に二週間も閉じ込められている方々が抱える問題は深刻であろう。ウイルス感染検査が終わるまで自分の国が目の前にあっても下船できないとは、どんな気持ちであろうか。

四日には立春を迎えて暦の上でも気持ちの上でも、もう春だと思いたい時期に報道の大半は、このことばかりで、いつ終息するのか、今のところ見通しはついていない。

外出は最小限に抑え、家でオペラのアリアを聴き、ファジル・サイのピアノも相変わらず聴いている。

いま興味深く読んでいるのは『レバノンから来た能楽師の妻』という岩波新書の最新刊で、伝統ある梅若家に嫁ぎ、お能の振興に大いに尽くしている梅若猶彦氏夫人マドレーヌさんが書いた本である。能楽師の日常や、長い結婚生活で味わった様々な戸惑いなどの部分に、特に感銘を受けながら読んでいる。

だいぶ前に梅若能楽堂に行ったときに、外国人の女性が能楽堂で甲斐甲斐しく動いている様子が珍しく映った。廊下で視線が合った時、立場も名前も知らず、どういう方なのだろうと長く忘れられない人であった。

この小さい本は信じたことに向かってベストを尽くそうとする人の強さ、凛々しさが、あちこちに散りばめられて読んでいて気持ちのよい本である。

だから一行一行丁寧にゆっくり読んでいる。

＊＊＊＊

さて、イギリス旅行も佳境に入ってきた。

七月二日、ブリティッシュ・グリーンと呼ばれる深い緑色のジャガーが朝八時に迎えに来た。向かう先はブレナム・パレス、ここは、あのウィンストン・チャーチル生誕の地である。

チャーチルは第二次世界大戦後、日本に対してあまり好意的でない戦後処理を主張した経緯があるので、その点には好感を持てないが、当時の対日本観という枠を外すと大いに興味のある政治家であった。

白い手袋をはめ、会社の制服であろうか、すっきりしたスーツを着た長身の男性ドライバーに、こちらが巡りたい希望の地を告げ、効率的な道順などを大体決めて出発した。お宿の従業員も家族を見送るように車のそばまで出てきて手を振ってくれた。

シートは肌触りの良い革製、大きな窓はよく磨かれ外がよく見える。もちろん座り心地は申し分ない。窓を開け皆に手を振って、ご機嫌なドライブ旅行が始まった。

チェルシーを離れ暫くすると田園地帯に入っていく。

平和な暮らしぶりが想像できる古い平屋の家々が続いた。

この日も、申し分のない晴天、ブレナムに近づいてくると、そこはまた別世界である。広大な敷地に建つチャーチルの生家の近くでは、朝日を浴びて羊たちがのんびりと草を食んでいるのが見えた。

車は静かに敷地に入り、入り口で停まると運転手が車から降りてドアを開けてくれた。自動的には開かないドアのようである。

ウィンストン・チャーチルは、この屋敷で、一八七四年十一月三十日に誕生し、サーの称号を得て一九六五年に世を去った。言うまでもなく数々の業績を残し、歴史に名を刻んだ文字通りイギリスを代表する政治家の一人であるが、彼自身、貧しさというものを知らない名実ともに貴族階級の宰相であったと言える。一言で貴族といっても下級貴族などは没落して、海外に出て自分の過去を看板に、貴族とは言えないみじめな余生を送っている人たちも少なくない。日本にも、そのタイトルだけが売り物でやってきて、裏を知らない日本人が、うまく利用されている例があるそうだ。

しかし、ウィンストン・チャーチルは文字通り終生貴族であった。

ところが彼が第二次世界大戦で負けた日本に、容赦ない政治決断をしたことは、残念ながらあまり知られていない真実である。

イギリスと同じ島国で、王制ならずとも世界一長い歴史を持つ皇室を戴く日本には、宗主国になった他のアジア諸国とは違う、油断のできない底力、実力があるのではないかとの警戒心が少なからずあったようだ。

それがマトを射ていたかどうかはともかく、慧眼ともいうべき洞察力である。その頃の日本が、大日本帝国憲法（一八八九〜一九四七）に基づき海外への世界制覇を狙う野心を抱いていたとすれば、チャーチルが着目した「当時の日本」に対する認識は、さほど外れていなかったのではないかと思う。

事実、歴史を読むと、充分な栄養も取れない貧弱な体格の国民は、資源がなくても精神力で戦うよう求められていたことは有名な話である。

「欲しがりません。勝つまでは。」と戦時中の子供たちは唱えていたものだ。

いじらしい忍耐心ではある。そんな些末なことにも鋭いチャーチルはお見通しであったはずである。

こんなにも美しい朝、望んで叶えられたブレナムにやって来て、一瞬ではあったにしても生臭い近代史の断片が頭をかすめた自分に辟易し、思い出したくない不幸な過去を直ぐに拭い除けた。

目の前の豊かな丘陵地帯に、念願叶って来られたことを喜び、ここ、ブレナムのきれいな空気を改めて胸いっぱい吸い込んだ。

車が停まったところから見渡すと、広大な牧草地が一八〇度拡がり、その丘の一隅に悠然と立っている豪壮・堅牢な邸宅が直ぐ目に入った。

ここがチャーチルの生まれ育った屋敷なのだ。

館は厳重に施錠され、あたかも人払いをしているかのようである。興味本位の観光旅行者などは入館お断りである。

あたりは、人の気配がせず、あちらこちらと歩き回ったが、遠くなだらかな丘の一隅で、幼稚園の子供たちが輪になってお弁当を食べているのが見えただけだった。羊も人を怖がらず、私達が近づいても無心で草を食んでいた。ゆっくり散歩を楽しんだ後、ブレナムに来た記念にオリジナルの住所録を買った。それは二十年近くも手許で役目を果たし、最近その役目を終えた。

代わりに、いつだったか出かけたデン・ハーグのマウリッツハイス美術館で買っておいたフェルメールの「真珠の耳飾りの少女」が表紙の新しいアドレス帳に移し替えた。二十年もたてば住所録の中身が大きく変わるのは仕方のないことだ。

一目瞭然なのは天国に見送った人たちの名前が新しい「少女」のアドレス帳には書き込ま

れなかったことだ。人の世の容赦ない現実を、避けがたい成り行きを、改めて思い知らされた書き込み作業であった。

さて、帰途、コッツウオルズの鄙びた村に立ち寄り、古いマナーハウスでお茶をいただき、夕方ロンドンはチェルシーに「帰宅」した。

別れる時、ドライバーには一日の労をねぎらって少々のお礼を渡した。

旅はクライマックスに到る。

翌七月三日、いよいよウインブルドンに行く日がやってきたのだ!!

電車を降りると、プラットホームには、一面テニスコートが描かれ、「こちらですよ、早くいらっしゃい」と呼び込んでいるかのようだ。

ついにウインブルドンにやって来た!!

良く育った樹々の間に濃いピンク色の花が満開に咲いており、センター・コートへの道は美しかった。

申し分のない席を確保していただいたお蔭で、コートの向こうに満席の貴賓席を眺めながら、ボールを追いかけた。前座のような出番でイギリス人プレイヤー、ヘンマンが出てくると奥のほうから「カモン、ヘンマン!!」という掛け声が響くのだった。このグランドスラムの頂点に立つウインブルドンを抱えるイギリスの、お膝元の選手たちが、なぜか毎年冴えない結果を出していることにイラついているのだろう、まさに苛立ちと無念さをむき出しにして叫ぶ国民の声を、ヘンマンの試合中、否が応でも聴かされ続けた。

しかし、お目当ての我がスターはピート・サンプラス、目の前で憧れの決勝戦真打の出番を待った。長年の強敵アガンとどんな試合展開をするのか。一瞬たりとも目が離せない試合が始まった。サンプラスの美しいフォルムは、正確にボールをはじき、動きは敏捷、無駄がなかった。顔立ちからくる印象であろうか、絶えず沈着・冷静に試合を進め、熱戦の末、優勝のトロフィーは彼の手に!!　その瞬間、満席の観客からの割れんばかりの祝福の拍手にサンプラスの笑顔がこぼれた。

ああ、この瞬間をナマで観たくて、はるばるやって来たのだ。

こみ上げるのは満足感のみ。細かいことなど、どうでもよかった。

私達も満席の観客と共に立ち上がり、惜しみない拍手を送った。

舞台も役者も申し分のないフィナーレだった。

よくヨーロッパ各地でオペラを観るが、ウインブルドン決勝戦のこの日も、舞台と役者が一流だった。スタンディング・オーヴェーションは、センター・コートを揺るがすような歓声と共にいつまでも続いた。

かくして、一九九九年のグランドスラムの一つウインブルドン大会は、期待通りの結末で幕を引いた。世界各地の大会で優勝を重ねているサンプラスであるが、ウインブルドンには特別の思い入れがあるそうである。

この年の結果を報告すると、
男子ではピート・サンプラス（米）がアガシ（米）を破って六回目の優勝。

女子ではリンゼイ・ダベンポート（米）がグラフ（独）を僅差で破り、初めての優勝。

この試合後であろうか、準優勝の二人は結婚したそうだ。

＊＊＊＊

華やかなテニスの世界を思い出して、いい気分でいたこの頃、中国武漢で発生した新型コロナ・ウイルスは勢いを強め、世界中に蔓延していった。

警戒体制が発表され、感染予防措置として最近政府がとった外出抑止政策、子供達も勤務者も自宅待機を余儀なくされる通達があった。学校ばかりでなく殆どの催しは先方からキャンセルされ、人との接触を避けるため出来る限り家にいるようにとされているのが二〇二〇年三月の日本である。

私宛てのメールも催しの中止、休館のお知らせが一気に増えた。感染者数は日に日に増え、規制は厳しくなり、緊急事態による外出自粛は五月連休明けまで延長され、テレワークという仕事の仕方が通勤者の間で広がり、家族全員が殆ど一日中家に居る家庭が多くなった。

こんな時、救いになるのが、見ごたえのあるTV番組である。安全な自宅でゆっくりと楽しむことができるのはありがたい。

その中でNHK BS『奇跡のレッスン』という二時間番組（再放送）が印象に残った。同じテニスの世界がテーマなので、紹介する。

これは大坂なおみ選手を女子テニス世界一位に引き上げたドイツ人コーチ、サーシャ・バイン（一九八四〜）が大阪の女子高校生を試合前の一週間、毎日指導するドキュメントであるが、テニスの稿を書いていた時だったので、なおさらコーチの言葉や指導法、高校生とのやり取りが心に残った。この場合は関西地区の大会という、決して大それた試合ではないようだが、将来どんな大舞台を目指すにしても、真剣勝負の試合体験はこういうところから始まるのである。

多感な高校生時代に、このコーチのような人から指導を受けることが出来たら、どんなにか成長を促されるのではないだろうか、コーチと生徒のやりとりに感動すらしながら画面を追った。

自己鍛錬を怠らない日々を積み重ねれば、いつか花が咲くのだ……とは限らない。しかし、それでも、若者は目標に向かってひたすら練習を続ける。

円熟した歌唱力で観客を魅了するオペラ歌手たちも、そしてグランドスラムで優勝する選手たちも。

＊＊＊＊＊

ロンドン滞在の日もわずかになってきた。

或る日、ホテルの部屋に、思いがけずワインが届いた。見れば華やかなラッピングに美しいカードが添えられている。夫の東京での仕事仲間のイギリス人からだった。

引退した彼らの住まいは、ロンドンから遠い田舎町で、ちょっと会いに行くわけにいかない状態なので、せめてイギリスを訪れたことを歓迎して、東京での友情の記念として二人で味わってほしい旨のメッセージが入っていた。長く人生を歩んできた男性が愛用していると思われる万年筆で書いた角張った文字が、昔の同僚に宛てたカードいっぱいに埋まっていた。

まったく予期せぬ贈り物だった。すぐに田舎のお宅にお礼の電話をかけ、近況を報告し合った後、ちょっとした思い出話が始まった。

曰く、御夫婦にとって日本を去る前、観世能楽堂に招待されて、長い日本滞在中に初めてお能を観たことが忘れられないと、何度も何度も嬉しそうに話し続けるのであった。たしかに日本に数年いても、歌舞伎は見ても、お能を観た人はさほど多くないのも事実かもしれない。

招待はしてみたものの、動きがゆっくりで退屈なのではないかと心配したが、並んだ御夫婦は瞬き一つせず、役者の所作に見入っていたことも思い出した。

ところで、イギリス人が終の棲家に選ぶのはたいてい田舎の生活である。

彼らも例外なく、大きな農家を買い取って大幅に改造して住んでいる。

博士号を持つ彼のほうは、馬小屋だったところを見違えるような立派な書斎にして、図書館のような部屋で本に囲まれながら、やり残した研究を続けているし、夫人は邸内の管理と庭仕事で忙しいそうである。大きなドーベルマンが二匹いて敷地内を自由に走り回り、二人の安全も二十四時間確保されているとか。

その夜、私達は頂いたワインを階下のサロンに持って行き、毎日お世話になっている顔なじみの人たちと「乾杯」した。もうすぐ帰国準備をする予定だったので、今回お世話になったことに大いなる感謝も込めていた。

それから数日後、予定していたプランを消化し旅支度を整えた私達は、お宿の人達に見送られヒースロー空港に向かった。

搭乗チェックなど無きに等しく、こんなことで本当に出国できるのかと心配しながら機内に入っていくと、所定の席の近くには既に長身のキャビン・アテンダントがにこやかな表情で私達を待っていてくれた。

＊＊＊＊

二〇二〇年四月二日のニュージーランドからのメール・ニュースによると、COVID-19 の世界的大流行の現状を考慮して、六月二十九日から始まる予定だったウインブルドン大会は中止になったとのこと。これは第二次世界大戦以来のキャンセルなのだとか。

続いて四月十二日付『朝日新聞』によると、大会の主催者オールイングランド・ローンテニス・アンド・クローケー・クラブ（AELTC）は、中止になっても売り上げの約半分の一億四一〇〇万ドル（約一五二億九二〇〇万円）を保険金として受けとれるのだとも。

何と用意がいいことよと感心していると、数年前に流行したSARSのような重症感染症などによる大会中止を想定し、年間二〇〇万ドル（約二億円余）の保険料を過去十七年間も支払ってきたからだそうだ。

AELTCのCEOは「幸運なことに私達は保険に入っていた。それが役立った」と平然と述べたそうだ。経営者の鑑とでも言えそうなスケールの大きなお話ではないか。この経営哲学、文字通り「深謀遠慮」とでも言うのだろうか。

「思い立ったら吉日」とはよく言ったもので、あの時チケット獲得やドライブなどお世話になった駐在員の方々も皆さん帰国され、今度はこちらが帰国祝いのお食事会の席を設けて改めてお礼を申し上げたのも、今は昔のお話になってしまった。

第21章

初めての東欧

2000年３月

ハンガリー・ブダペスト　セセッシオン建築群

ウイーン　フィガロハウス

チェコ　プラハ城

春休みが来ると、何処かへ飛んで行きたくなる。

これは毎年春に発生する季節病のようなものである。

冬のなごりが消えず、未だうすら寒い二月、目の前に積み上げられた学年度末の「宿題」を終え、事務室に書類を提出した後、毎年必ず出てくる二、三名の追試などが終わると、やっと解放感にみたされる待ちに待った春が来て、そのまま、いつもの「学年末・季節病」に罹るという流れを長年繰り返してきた。

陽射しが日に日に明るく暖かくなってくると、この病はますます重症になる。


他にもプランはあったが、この年はかねてから懸案の東ヨーロッパに出かけることにした。きっと何かが違うヨーロッパに出会えるであろうと期待したからだ。

一九六八年「プラハの春」で体制変換を経験したチェコ、一九五六年の「ハンガリー動乱」で巨大な国ソ連に果敢に立ち向かった小さな国などを、一度は見てみたいとずっと思っていたからだ。幸いなことに、同じ思いを抱いていた友人が日程を合わせてくれて、私達は勇んで出発することになった。

ちなみに、東ヨーロッパ（東欧）とは、地理的な概念ではなく、第一次世界大戦後、ソヴィエト連邦と連帯した社会主義（共産主義）政権国家群を指し、東ドイツ（現在は東西統一ドイツ）、ポーランド、ハンガリー、ルーマニア、ブルガリア、チェコスロバキア（現在はチェコとスロバキアに）、ユーゴスラビア（現在は解体分解）、アルバニアなどを、東欧と呼んでいた。

そして一九八九年、世界史に残る大きな変革の波が起こった。

ベルリンの壁が崩れた十一月九日は、偶然にも私の誕生日だったが、あの壁を壊した瞬間、そこに集まっていた青年たちが放った歓声と歓喜に沸く光景を見た人は多いはずである。東側に居た人々が割れた壁の間を笑顔で西側にやってきた印象深い瞬間であった。もう東の兵士から狙撃されることはない自由な往来が、この瞬間始まったのだから。

この一九八九年十一月九日を境に、かつて社会主義だった東欧諸国に市場経済が導入され、確実に民主化が進められ、人々の生活は少しずつではあるが変わっていった。

この地域の国民も民主主義社会に慣れてきたはずであるが、あれから十一年が経過した二〇〇〇年の今、数々の動乱を経験してきた国々は一体どうなっているのか、期待を胸に先ずハンガリーはブダペストの地に降り立った。この後ウイーンを経てチェコに向かう行程の最初の国である。

この国は、前述の一九八九年に正式名称「ハンガリー第三共和国」となるが、ヨーロッパで唯一アジア系民族の国とのこと。外見では今や「アジア」を連想することは難しいが、名字が名前の前にきたり、赤ちゃんのお尻に蒙古斑があったりして日本人との共通点もあり、興味深い国である。

最初の地、ブダペストは「ドナウ川の真珠」と呼ばれる美しい街である。ドナウ川の西岸が王宮の街「ブダ」、東岸商業地域が「ペスト」だそうで、二つの地域をつなぐ「くさり橋」が、この地形にふさわしい効果的な美しい景観を作っている。

先ず、くさり橋を渡って少し高台のブダへ。ここに市民運動の中心地「英雄広場」が広がっているのだが、この王宮の丘の一隅には「モスクワ広場」や軍事歴史博物館も残されている。

ここは高台なので、対岸のペストの街が一望できる。勇壮なブダ王宮、マーチャーシュ教会、漁夫の砦なども興味深いが、何よりもドナウ川の向こう側、ペストの街に建つ国会議事堂、聖イシュトヴァーン大聖堂などを抱えた古い街並みは、幾層にも歴史を呑み込んで、地味ながら優雅な佇まいを見せていた。

再び橋を渡り、この大聖堂を見学。一九〇五年に完成し八五〇〇人を収容できるブダペスト最大の教会である。内部には西暦二〇〇〇年を祝う特別展示があった。よく見ると、この美しい古い街に、二度と軍靴の音が響かないようにとの、祈りの展示でもあった。ペストの街から遠くに見えるブダの王宮は、チベットの王宮のような頑丈な建物で、優美さや優雅さ、よりも頑丈さを印象付けるものだったのが印象に残っている。

一連の観光をした後、興味深いランチの時間となった。ブダペストには、十九世紀末アール・ヌーヴォー式建築が残されていると聞いていた。それが「ハンガリー・セセッシオン建築群」と呼ばれる建物で、ランチのレストランはその様式の建物の地下にあった。

なぜ地下に⁇　動乱の歴史は、こんなところにもそのままの形で残っていたのだ！　私達は、名物料理、グラーシュ（牛肉と野菜の煮込み）、ハラースレー（ドナウ川で釣れた鯉の切り身をパプリカで煮込んだ辛いスープ）、トルトット・カーポスタ（ハンガリー風ロールキャベツ）などをいただいたが、地下のレストランにはもちろん窓などなかった。ガイドさんによれば、動乱の頃、このような上等なレストランで食事をするのは、上級軍人だけだったそうで、一般市民に気づかれないよう、地下に設置することになったのだそうだ。他にも数軒あるのだそうだ。

＊＊＊＊＊

ここで、悔やんでも悔やみきれないことが起こった。

キーボードのミスタッチが災いし、この後に続く25章までの原稿が全部消滅してしまった。書き溜めていた四章分六万字もの原稿は一瞬にして消えてしまい、行方知らず、取り返す術《すべ》もない。「命乞い」を願って、エンジニアに「救助活動」を頼み、画面を見ながら電話でやりとりした一時間近い探索の労も結局は報われず、「とても残念ですが……」の回答が返ってきた。全身全霊を傾けて書き続けてきた記録であったので、この時点で全身の力が抜けてしまった。

大切に育ててきたものを、一瞬にして根こそぎ奪われ、もう手の届くところにはないことを認めねばならない。大袈裟に言えば虚無感とでも言うのだろうか。

長く原稿を書いているが、こんなことは初めてのことで、文字通り茫然自失状態である。しかし、立ち止まって悔やんでばかりいられない。自分のミスは自分で補わねばならないのだ。このショックから立ち直り「失われた時間と果実」を取り戻すために、今後の対策を考えていかねばならないと自分に言い聞かせつつも無気力になり、為すすべもなく時間ばかりが過ぎて行った。

幸い、前向きの性格が役立って、その間、自分の誕生日を迎え美味しい御馳走で祝ってもらったり、気の合う人たちと静かにヨガをやったりしているうちに、少しずつ元気が出て来るのを実感した。この湧き出る気力を大事にしようと決めると、心は前向きになっていった。

幸いこの21章「初めての東欧」も、ハンガリーのブダペストまでは何とか無事だったが、後に続いていたウイーンとプラハは消えてしまったので、書き直すにしても、先ずハンガリーを完成させねばならない。

第22章　パリ
第23章　ニュージーランド
第24章　サイゴン
以上三つの章は完成しており、満足な出来だったし、「第25章　ドイツ」も、最終段階に入ってベルリンを残すだけだった。
以上、四つの章の六万語が消失したのかと驚くと同時に、原稿を保存しておかなかった無防備な管理が改めて悔やまれた。このような仕事をしている人間には、まさに非常識とも言える対応をしていたのだ。

先にも述べているが、本書では執筆中の「過去の旅の記録」を文章化するに止まらず、旅先の「その後」や執筆時の周囲の状況も随時織りまぜ、原文の記録の内容に今の時間を組み入れて立体化する手法をとってきた。

だから、ハンガリーからドイツまでの原稿を書いていた時点での「現在」は、もう二度と戻らない。実はその部分が惜しいのだが、今後は書き直した時点での「現在」が投入されることになり、内容は当然変わるはずである。

それにしても、失われた六万語を再生するには相当な時間とエネルギーを要するが、自分が引き起こしたミスは自分で償わねばという気持ちは強く、多少薄味になっても、貧弱になっても、少しでも書き残したい気持ちに強く後押しされ、その思いをバネに再スタートすることにした。

極端に言って箇条書きになる可能性も心配されるが、とにかく、第21章後半から書き継ぐつもりである。

もともと気持ちの切り換えが早い性格ゆえ、東欧旅行の写真を収めたアルバム二冊と大量の関係資料が、一度は戻した書棚から再度取り出され、すでにデスクの脇で出番を待っている。

＊＊＊＊

第21章　ハンガリー・ブダペスト（承前）

瀟洒なブダペストの街を後にして、バスはシェブロン、バラトン湖を望む高台に向かった。ここで山の空気を胸いっぱいに吸ってから、センテンドレという、耳慣れない小さな古い街に入った。かつての恐ろしいトルコ侵略の危機を逃れた「刺繍とパプリカの街」である。

この日は何と美食に恵まれていたのだろう。

ここでも素晴らしい夕食の時間が待っていた。

首都ブダペストで供されたおしゃれなコース料理をお昼に味わった後、今度は、地方に伝わる伝統の食事処に案内されたわけである。

哀愁を帯びたヴァイオリンの音色に合わせて歌われる伝統音楽、それに合わせて、純白の布に強い赤色の花の刺繍が一面に施されている衣装（エプロン）をまとった美しい女性たちが踊りながら客達のテーブルを回り、笑顔をふりまいてくれる華やかな瞬間、少々アルコールが入った大勢の客たちの掛け声が、さらに宴を盛り上げ、満席のレストランはお祭りのようだった。

山を越えて、この街に辿り着いたバス旅行の疲れも何処かに消えて、私達は深夜まで時間を忘れて楽しんだ。お行儀よく終始ナイフとフォークで食事したお昼とは、一八〇度転換した実に気楽な夕食であった。ここでは人の目を盗んで、地下にもぐって美味しい食事を楽しむ人種などは昔から居なかったのであろう。それどころか、屈託なく開けっ広げの村人たちが、一日の労働を終えて仲間と美酒を傾ける肩のこらない酒場が軒を連ねる山あいの平和な町であったのだ。ハンガリー特産のトカイワインを酌み交わし、上機嫌になった大らかな人々の笑顔に、遠くからやってきた異国の旅人の心も和らいだ。

この「刺繍とパプリカの街」のレストランで、女性が着けていた鮮やかな美しいエプロンの刺繍は「カロチャ刺繍」と呼ばれ、衣類や食卓用品などに見られる華やかなもので、小さな一枚の花瓶敷きを置くだけでも、周囲はぐっと明るくなるような「すぐれもの」である。

この地に来られた思い出に、我が家の離れで暮らす母のために、正方形のテーブル・クロスをおみやげに買った。老人ホームに入ることになった九十五歳まで二十五年間を過ごした部屋で、これは何度洗濯しても色褪せず、糊をつけてアイロンをかけると新品同様になり、部屋を明るくしてくれていた。

老いた母もまたその美しさに救われていたのか、飽きもせず、他のものを使おうとしなかった。ちなみに母は昔からレースや刺繍の美しい布が好きであったが、自分のタンスにしまっていた綺麗なクロス類は、毎日のようにお世話に来てくれていた方たちに、ホームに入る前にお礼のつもりで進呈したようで、その引き出しだけは空っぽになっていた。


翌朝、ヨーロッパ独特のドーム型の駅舎から、赤い帯が車体に流れる列車に乗って、ウイーンに向かった。駅はかつてのフランスのオルセー駅、今はオルセー美術館として人気の高い展示ホールに酷似しており、正面半円形のガラス窓に嵌め込まれた大きな丸い時計まで同じ位置にあり、雨風に強いかまぼこ型の屋根が、どんな天候になっても旅人を優しく包み込んでくれる明るい駅舎である。出発を知らせるアナウンスの声もドーム型屋根に反響してきれいに入ってくる。現地語でこのようなアナウンスを聞くと、自分は今、異郷にいるのだと旅心をくすぐられるのだった。

熱い再会や別離が繰り返されるヨーロッパの駅は、映画で何度か見たことがあるロマンを感じる場所の一つでもある。旅の楽しみの一つは、このような列車を使って移動する時に出逢う人々の、有りのままの日常の姿が見られることである。

たまたま同じボックス席に乗り合わせた人達と話が通じると、降りる時の名残惜しさは、今でも忘れられない。たいていの人は、屈託なく話に入ってきて盛り上がるが、別れはすぐに訪れる。そして、もう二度と会うことはないのである。

このような出逢いと別れは欧州内の列車の車内でしばしば起こるが、フランスの国内での忘れられない思い出を一つ。

ヨーロッパ大陸を列車を乗り継ぎながら旅行していたときのこと、南フランスの小さな駅から、大きな瓶を抱えた大柄の女性が数人の連れと共に乗り込んできた。それぞれが水の入った瓶を持っている。リーダー格の彼女は、通路を隔てた隣の通路側の席に座り、通路を隔てて座っている私を見てニッコリと笑った。席の足下に大きな瓶を置いたので、その瓶の中の水を巡って、あれやこれやの四方山話が始まった。

聞けば、彼女たちはスペイン国境に近いルルドというカトリック巡礼の地を訪れ、洞窟から湧き出る聖なる水を家族のために頂いてきたとのこと。

年間六〇〇万人もの巡礼者が訪れると言われるピレネー山脈麓のルルドは、世界各地からカトリック信者が巡礼に訪れる聖地でもある。親類の一人も教会関係者と共に訪れ、この聖水を頂いてきたと満足気であった。

さて、ルルドだが、一八五八年この地に聖母が出現し、助けを求めお祈りすると、お告げのように岩陰から湧き出る聖なる水が与えられ、そのお陰で長年の病が治ったとの話が広まると、ルルドの水の御利益を信じる人が年々増え、世界各地からの巡礼者が水を持ち帰るようになったそうである。

私も行ったことがあるが、泉のようなところから汲み取るのかと思いきや、水道栓の蛇口をひねって聖水を瓶に入れるやり方だったのには、複雑な思いがした。

そして、驚くことに、今や通販の Amazon でもこのルルドの聖水を買えるようになったと聞いた。買ったこともないし、調べたこともないので、真偽のほどは疑わしいが、これには耳を疑ってしまった。

現地まで行かなくても通販で手軽に買って御利益を得ようとするのか？

ルルドの聖水にどんなに御利益があろうとも、これは頂けない話である。

通路を挟んで隣に座ったルルド参りをしてきた大柄の彼女は、次の駅で降りたが、別れる時に「遠くから来たのだから、道中の安全を祈願しこれを大事に持っていて」と、フランス語で祈りの言葉が書かれたルルド土産のお守りをしっかりと手渡してくれた。このお守りはそれ以来ずっと私のパスポート・ケースに収まり、海外への旅に必ず同伴している。

このお守りのお蔭だろうか、幸いなことに旅行中は、たいてい好天に恵まれ、行程にも支障なく、どの旅行でも命の洗濯が出来る「脱日常の時間」を与えられてきた。こういうのを「霊験《れいげん》あらたか」と呼ぶのだそうだ。

ルルドのお守りはこれからもパスポートと共に旅の安全を守ってくれると信じている。


また余談が長くなってしまったが、ルルドの水を抱えた大柄のフランス人が下りた後、私達は今回の東欧三ヶ国の旅の二番目の国オーストリアはウイーンに到着した。

ウイーンはハプスブルグ家が長く栄華を誇った永遠の都《みやこ》である。音楽・美術・建築などがここで花咲き、重厚な歴史の積み重ねが、こぢんまりした街にうまく配置されているので、歩きやすく、訪れる人は後を絶たない。

一四〇〇室を有するシェーンブルン宮殿。ここもハプスブルグ家の離宮であり、幼いモーツアルトがマリー・アントワネットに求婚したことで有名な「鏡の間」も当時のままの姿である。

トルコ戦争の英雄、オイゲン公の夏の離宮、ベルヴェデーレ宮殿も上宮と下宮二つを擁し、上宮は、かの有名なクリムト（一八六二～一九一八）やエゴン・シーレ（一八九〇～一九一八）の作品が見られる国立ギャラリーとして公開されている。

この二つの離宮をじっくり見学した後、トロリーに乗って、建物が独特のセセッション会館（分離派会館）、モーツアルトがフィガロを書いたと言われるフィガロ・ハウス、美術史美術館、国立オペラ座、聖シュテファン寺院などを巡った。

オペラ座の傍にはザッハ・トルテで有名なホテル・ザッハ、しばらく歩いて今度は王宮そばの高級菓子店デメルが、コーヒーの香りで私達を誘い込んだ。

美味しいお菓子や飲み物で気持ちも身体も温まりながら、二日間に亘るウイーン見物を楽しんだのだが、この勝手気儘なウイーン散策で訪れた所で、いつもお目にかかっていたのが、シシーの愛称で親しまれている王妃エリザベート（一八三七～一八九八）の肖像画である。

どこに行っても何処かに必ずと言ってよいほど、シシーの絵が飾ってある。

オーストリアが誇る魅力的な女性として国民から愛されているのだろう。

この都を訪れた人は、この愛くるしく気品に満ちたシシーの姿を目に焼き付けて帰ってほしい、ウイーンがそう願っているのかもしれない。

ウイーンの象徴、ウイーンの宝。今様、ウイーンのイメージ・キャラクター。

夜のコンサートでシェーンブルン宮殿を改めて訪れたときにも、やはりシシーはそこにいた。

そして、図らずも、この美しい都の散策の最後に、特製の「ウイーンの森の物語」が待っていたのだ。

気分の赴くままに歩いた幸せな一日のフィナーレを何とか拙い文で再現してみたい。何年たっても消えないあの夕方の森の空気と風景を、拙い言葉であっても、ここに書きとめておきたいのだ。

「なあんだ、こんなことなのか！　どうってこともないことを大袈裟に……」と苦笑されてしまえばそれまでだが、それは稚拙な描写が気持ちに追いつかなかったからで、心に沁みこんだ瞬間の風景を感じていただけないならば、それは偏に作文能力&表現能力が乏しい証しだと割り切ろう。

「ウイーンの森の物語」私家版は実は全くの偶然の成り行きで与えられた永遠の贈り物であった。

ウイーン滞在最後の日、街の外環を巡るトロリーに乗っている時、窓から緑が多い地区を見つけたので、私達は急遽そこで降りることにした。

もしここで降りなければ、永遠に心に残る風景は与えられなかったであろう。

この街は他の都市に較べて大気汚染が進んでいるわけではないのだが、古い館《やかた》で換気が充分でない昔のままの窓の少ない部屋で、骨董品ばかりを見ることが多かったので、無意識ながら新鮮な空気を胸いっぱい吸いたくなったのだろう。

電車を降りるとすぐ前は、こんもりした緑地に繋がっていた。私たちはそのまま森閑とした森の中に入って行き、当《あ》て所《ど》もなく歩いていると、やがて空間が開け、そこに大きな植物園が現れた。

かまぼこ型のガラス屋根の温室に入りここでも、緑色の空気？　を胸いっぱいに吸いながら、珍しい植物をひとわたり見て外に出た。

再び森の中へと道が続き、夕方の淡い残光のお蔭で、遠くまで見通しの良い道を歩き始めながら、これでウイーンともお別れね、と話しながら歩いていたそのとき、遠くから赤いコートを着た一人の婦人が白い子犬を二匹連れて、こちらに歩いて来るのが目にとまった。淡い肌色のストッキングに黒いパンプスを履き、足取りは元気な子犬に合わせているようだ。この森の何処から現れたのか、どうも近くの自宅から出て来たように見える。

こちらに向かって歩いてくる女性との距離がだんだん近づき、どんな人かこの目でよく見たいと、自然に私達もその人の歩調に合わせていた。

葉を落としかけた樹々以外、遮るものが何もない森の小道を、女性と二匹の子犬だけがこちらに向かって静かに歩いてくる。

これはまるで絵であった。

森の中には他に誰もいない。

そこに居合わせたのは私達三人だけ。

しかも彼女が着ていたオーソドックスなデザインの深紅のコートが、夕方の光の中で一際くっきりと浮かび上がり、白い子犬と共に計算されたようなお散歩スタイルにも見えた。偶然そこに居合わせた私達二人だけが眺めることができた一瞬の絵のようであった。私は心の中でこの瞬間に居合わせたことに感謝すらした。

すれ違ったら、「こんにちは」とドイツ語で言おうと思いながら、歩き続けていったが、女性は犬と共に少し前方の角を曲がってしまった。子犬が曲がりたかったのか、彼女が私達とすれ違うのを避けたのか知る由もない。しかし、すれ違う機会は、この方向転換で消えてしまった。

少し遅れて私達が出会うはずの曲がり角に差しかかった時、先に向かう女性の後ろ姿だけが目に入った。二匹の子犬たちも元気に歩いていた。

淡い残照が後ろ姿を浮き上がらせていたが、他に誰もいない森は少しずつ陰りを濃くし日没も近い時刻だったが、私はシシーの末裔を見たような気がしてならなかった。

先程までの街歩きで、その微笑を何回見たことであろうか。明日この都を去る私達に、シシーは姿を変えて現れてくれたのではないかとさえ思ったし、そう信じたかった。旅先では往々にしてロマンティックな気分になるものである。論理的に納得できることのみを信じたほうが安全な日常生活を一旦切り落として、現実的ではないことに心を遊ばせるのも、たまには必要であろう。

これも旅の醍醐味、こういう感情の浮遊が、実は次の旅を誘ってくれるのだ。

森の中での瞬時の出逢いも、一言のあいさつを交わすことなく、何も起こりはしなかった数分間の「できごと」に過ぎなかったけれど、その時、そこに私達三人だけが居たことに意味があったのだと思えてならない。

大学でキリスト教学を受講したとき、北森嘉蔵先生からいつも聞いていた“Invisible Hand”つまり「見えざる手」が、この瞬間を与えてくれたのだ!!

同じ授業をとっていた私達は時を同じくしてこの言葉をつぶやいた。

ずいぶん昔に受けた講義なのに、このウイーンの森で、先生の頻発キイ・ワードを思い出すとは。

アルバムには、その時、急いで撮った、角を曲がって去っていく婦人と二匹のワンちゃんの後ろ姿を収めた一枚の写真が残っている。

その後、何度かこの都を訪れ、この森を散歩することもあったが、あのような「絵」を見たことはない。

＊＊＊＊

この稿を書き終えた夜、偶然にもコロナ禍でコンサートに行けない音楽好きの人間に、N

ＨＫは価値ある贈り物をしてくれた。

あまりのタイミングの良さに感動すらしたので、またまたいつもの「寄り道」を始めよう。私のとっては実に垂涎もののゴールデン・プログラムだったのだから。

先ず、年末恒例のベートーヴェンの第九、ウイーン・フィルを振るのはバーンスタイン、場所はウイーンの楽友協会ホール、私も何度か通ったホールである。ウイーンの森で体験した小さな出来事を書き終えた直後に、図らずも楽友協会でのコンサートを見せてくれるとは!!

これもまた「見えざる手」のなせる業《わざ》であろうか?

もちろんこの画面はバーンスタイン存命中の昔の録画であるが、やはり最後の「合唱」は圧巻で、指揮者の微妙な表情の変化や盛り上がりが、素晴らしいカメラ・アングルで捉えられており、会場後部座席で聴いているよりずっと迫力があった。きっと音楽に造詣の深い人がカメラを担当していたのだろう。

次に放送された録画は、最初にアルゲリッチによるベートーヴェンのピアノ協奏曲。二〇一九年秋にパリで聴いたときのように、白髪の増えたアルゲリッチの演奏が懐かしかった。

続いてヨーヨー・マ（チェロ）、ムター（ヴァイオリン）、バレンボイム（ピアノ）の三重協奏曲。このベートーヴェンの傑作を熱演した三人にも、同じくベルリンのフィルハーモニー・ホールの全方位から割れんばかりの拍手や歓声が鳴りやまなかった。

谷間にいるような演奏家たちは、何度もステージに呼び出され、満面の笑みを遠くまで返していた。すり鉢型のホールは演奏者を見やすく出来てはいるが、席に着くまで相当時間がかかり、斬新ではあるが不便なホールである。

そして、七十七歳のポリーニによるベートーヴェンのピアノソナタ32番。彼のＣＤはすべて持っているが、この年齢になってからの録音は手許にはない。

既に喜寿を迎えたピアニストは、しばらく見ないうちに、すっかり老境に入ったように見えた。ＴＶの画面は遠慮なく、隠すことなく、白髪と少し曲がった背中をアップで映し出し、何でもありのままに捉える映像の残酷さを見せつける。内心ショックだったが、昔日の音の煌めきは衰えていなかった‼

イタリア人ポリーニは、ショパン・コンクールで優勝した後十年間、一切の演奏活動をしなかったというエピソードは有名である。彼は数多の誘いを蹴って大学に戻り哲学を学んだ後、改めてピアニストとして本格的にデビューを果たしたのだ。その時、ドイツ・グラマフォン社がいち早く彼を獲得して話題になったほど、音楽業界では待ち望まれていた新星であったのである。

ピアニストとして世に出るまでの人間修行は、当時大きな話題をまいたのであった。十年の沈黙と学業を終えて本格的に世に出たポリーニは、その時点から既にスター演奏家であった。

私がこのピアニストを知ったのは、運転中に聞いていたFM放送でショパンのエチュードを聴いた時で、それがポリーニの演奏であったことを放送の後初めて知ってからであった。十年間の空白を終えて演奏活動に戻り、CDがドイツ・グラマフォン社から発売され始めた時期に、NHK FM放送がCDを流してくれたのである。

カー・ラジオで受けた洗礼後、私は発売されているCDを一枚残らず買い求め、ひたすら聴き続けた。

日本でのリサイタルにも出かけ、この帰ってきたピアニストの演奏に魅了され、鍵盤から引き出される音色や技巧の完璧さに圧倒され、どんどん傾倒していった。昔から聴き続けてきた世界一流と誉めそやされた「天才ピアニスト」達の「名演奏」には聞こえてこなかった深い音が、最新の録音技術のお陰で再生され、その音色、テクニック、解釈などに目を醒まされ聴き続けていた。

残念ながら、演奏から学ぼうとか、あんなふうに弾こうとか、そんな「お勉強心」はなく、当時三十代から四十代、自分と同世代のポリーニの演奏が、ただ心に深く沁み込んできたからだと言ったほうがよいだろう。

今、コロナ禍で演奏会も少なくなっていたこの時期、この夜の特別番組のおかげで、図らずも現在のポリーニに「再会」することが出来たのだ。

若き日と変わらず、煌めく音も衰えていない演奏は、喜寿を迎えたとはいえ、完璧なソナタを演奏し、ベートーヴェンに捧げたのであった。

演奏中のポリーニを見て、私は何故か目頭が熱くなっていた。

まことに僭越だが、私たちは曲がりなりにも「同時代人」なのである。

その日の楽器はスタインウェイの特注版、ピアノ技師 Fabbrini の調整によるお気に入りのコンサート・グランドである。イタリア人である彼は一九八一年に世に出たピアノ Fazioli も嫌いではなかったようだが、その日、ミュンヘンのホールでは使わなかった。このピアノ、スタインウェイのマークの下に Fabbrini の文字が白く大きく記されており、元祖スタインウェイの文字は完全に圧倒されていて目立たない。

師匠ミケランジェリのように、ポリーニも、好みの音色に調律された愛用のピアノを日本にまで運ばせる人だから、この日もお気に入りのピアノをミュンヘンまで大切に運ばせてきたのであろう。特別仕立てのスタインウェイに向かって「この音なのだ！」と言わんばかりの表情で満足げに弾いていたようだった。

以上すべてはベートーヴェン生誕二五〇年記念の演奏会であり、NHKが記念の年に合わせて、人生を音楽に捧げてきた演奏家たちによる、不滅の楽聖に贈る「祈りのコンサート」二時間のプログラムであった。

NHKならではの質の高い企画で、あの夜、この放送に合わせて夜遅くまで起きていた人は少なくなかったと思う。この番組のプロデューサーには、ここで特別の謝辞を述べたいところである。

偶然にも、そして幸いにも、この価値ある放送は、私の場合、短い「ウイーンの森の物語」を書き終えた直後に放送されたことも意味深かった。

原稿を書いたお蔭で二十年ぶりに懐かしいウイーンに埋没し、納得して Word のスイッチを切った直後、今度は特別番組の映像が懐かしいあの街に引き戻してくれたのだ。その間一分もたっていなかった。

これも神様のお計らいか⁇

それとも、北森先生の「見えざる手」の重ね重ねの心配りだったのか⁇

＊＊＊＊

ウイーンを楽しんだ翌日、オーストリア航空のプロペラ機でチェコのプラハに入った。短い飛行時間を終えてタラップを降りると、何とプロペラの脇に Sounds of Silence と、この機体の名前がしゃれた書体で書かれている。

旅気分はこんなところでも高揚する。今、日本を遠く離れヨーロッパを駆け巡っている自分に、満足感が押し寄せた瞬間だった。

地続きで結ばれているヨーロッパの人たちは、美味しい野菜を求めて隣の国までレタスを買いに行くこともあるなどと冗談まじりに言う人がいるが、それは日常生活でよくあることで、決して大袈裟な話ではないことを実感する。

国境線が街の繁華街を横断していることがあるぐらいで、道行く人は気にもかけない。だから地続きの隣国に何の抵抗もなく入って行くわけで、大袈裟に驚くことではないのだ。

今や、EUの国々への入国は簡単である。EU加盟国のどこか一つに入国さえすれば、国境を通過するときのパスポート・チェックもなくフリーパスである。このお蔭で、旅行者はEU圏内で両替の必要がなくなり、両替所に並ぶ煩わしさからも解放された。

ちなみに、EU（欧州連合）は一九九三年に成立したが、英国の脱退などを経て、二〇二〇年二月現在、二十七ヶ国が加盟している。

このEU成立がもたらした利点を使って、新たに中東などからの難民が欧州地域に入りやすくなったことも手伝ってか、自国にいては命すら守ってもらえない人々が生まれ育った国を捨て、豊かな欧州に向かおうとする現象が起こり始めた。

中東の戦闘地域、アフリカの飢餓からの脱出が二〇〇〇年を迎えてから徐々に増えはじめ、一旦EU加盟国にさえ入国すれば、あとは陸続きに目的の地に辿り着けるため、海路、陸路を決死の覚悟でヨーロッパに向かう人々が急増したのだ。地中海の大波に揺られながら、欧州大陸の岸辺を目指すゴムボートの写真を一度や二度は見たことがあるだろう。脱出を斡旋する業者に多額の金を渡し、壊れかかった小さなゴムボートに隙間なく積み込まれ、危険を感じながらも夢を叶えたくて、海原に漕ぎ出して行く人々は後を絶たない。

この難民の中に壊れかけたゴムボートに積み込まれ、姉と共にギリシャまで泳いだ後、身を潜めながら陸路を北に向かった一人の少女がいた。

シリアの首都ダマスカスで両親や幼い妹と別れ、逃避を決行した十代の少女ユスラである。彼女がドイツへの長い逃避行を綴った『バタフライ』を今読んでいるが、十七歳の少女が、家族と別れ、水泳選手として成長したいとドイツを目指し、姉や知り合いと共に、長い道中、命を削るような苦しい日々に耐えながら、ついにオーストリアに辿り着いた時の安堵感、幸福感、そこで手厚い保護を受け、ついに夢にまで見たドイツに入った時の溢れ出る達成感を描いた部分には、読者も共に喜び、安堵するだろうと思う。

さらに長い逃亡の道中に、何度も味わった死の危険、度重なる厳しい検閲や拘束をくぐり抜け、心身共に泥まみれになって辿り着いたウイーンの街、やっと解放され安堵感に溢れる少女が、難民を迎えに来た清潔なバスの窓から、美しい古都の風景を初めて見て、心身ともに救われるシーンなどは、またもや、あのウイーンを熱く呼び覚ましてくれたのだった。

オーストリア人たちは遠くから逃げてきた人々を、歓声をあげて温かく迎え入れてくれた、とユスラは書いている。お菓子や食べ物、すぐに必要な生活用品などを手に抱え、笑顔で手を振って迎えてくれたのだ。目の前の信じがたい歓迎風景は、ここに辿りつくまでの苦難の日々を一瞬にして吹き飛ばしてくれ、みじめな逃亡生活を経てきたユスラ姉妹には、大きな温かい両手でしっかり全身を抱きかかえられたような安堵の思いを覚えた瞬間だったことが読み取れる。

彼女達一行がウイーンを経て遂に目指すベルリンに着いたのは二〇一五年九月七日(月)午前三時だった。この記念すべき日を少女ユスラは高らかに記している。

一ヶ月近い苦しい旅に耐えた後、ウイーンで受けた心休まる歓迎の輪、そしてついに夢にまで見たドイツ入国の瞬間を迎えた幸せは、苦しい逃亡に耐え抜いた末にやっと掴んだ生涯忘れられない自分への祝福でもあったはずだ。

読みながら、私もこの部分に拍手を送りたかったほどである。

日本にいると、遠いシリア難民のニュースは、知ってはいても実感が伴うことはない。多くの難民が、ヨーロッパを目指し、海を渡り、地を這い、辿り着いた記録としてお薦めしたい本である。

ささやかな「ウイーンの森の物語」脱稿直後の余韻が長引き、ついつい詳細に及んでしまったが、ユスラはドイツ入国後一年で、二〇一六年リオのオリンピックに難民五輪選手団の水泳選手の一員として出場し、マラカナン・スタジアムでの開会式に他の難民選手と共に入場行進をした。

彼女は著書の中で、二〇二〇年の東京オリンピックにも触れている。

東京で開催されるなら、ユスラは来日するだろうか？

難民受け入れに非常に慎重な日本では実感が乏しいが、地球の向こう側では、今この瞬間も生きるために必死の戦いを続けている人々がいるのである。

ユスラのように、国を出る以外に選択肢がない複雑な心の葛藤を抱えながら、夢を叶えたい一心で実行に移し、やりぬいた少女の記録は、実録であるがゆえに忘れがたい一冊である。

大作『ワイルド・スワン』を訳した土屋さんの翻訳も素晴らしかった。

＊　読んでみたい方へ……
ユスラ・マルディニ『バタフライ』土屋京子訳　朝日新聞出版　二〇一九年

嬉しいことに、このユスラが、「2020東京オリンピック」――実はコロナのため二〇二一年に延期されたのだが――難民選手団のグループの先頭で旗を掲げて入場し、水泳女子の部で力強く泳いだのだった。

その姿には、あの逃避行の苦難の痕はみじんにも感じられなかった。彼女はもう過去に縛られず、ひたすら未来を仰ぎ見ているようだった。

＊＊＊＊

またまた、東欧三ヶ国の旅が止まってしまった。チェコに向かうプロペラ機の中に居たと思って頂ければ幸いである。

＊＊＊＊

レトロ気分でタラップを降りた此の地は、今、正式にはチェコ共和国と呼ばれ、以前からのお馴染みの呼称チェコスロバキアは、一九九三年一月一日にスロバキアと分離して以来、チェコ共和国として独立し現在に到っている。

我が家に置かれて久しい大きなガラスの花瓶は、東欧独特の深い青に力強い花が手書きされたものだが、その底には、チェコスロバキア製とプリントされた張り紙が今なお付いている。もう四十年も前、広尾の大使館での集まりに招かれて記念に買った時は、当然のことながら両国が連名で存在していた時代だったから、今やこの小さな紙切れは、まさに過ぎし時代の証しとなっている。

ちなみに、このボヘミア特有の「ケースド・グラス」と呼ばれ、すべてが手作業で作られているので同じものは一つもないとのこと。

文字通りチェコが力を入れている産業の一つである四十年前ですら、このブルーの大型花瓶は十五万円もしたようで、丈夫な箱から出てきた領収書を見て驚いた。収入も少ない時代、若いのによく買えたものである。新生チェコ共和国大使館には、その後行く機会はないが、今も広尾の大きな敷地に向かい合って建つ二棟の建物の一つを使い続けているようだ。

今回のチェコ旅行は主としてプラハを見ることだった。しかもほんの一部分だけを巡る入門レベルの数日間である。けれども私達は前々からこの街に少々思い入れがあったので、東欧三ヶ国旅行の最後を飾る所として、超短期間の駆け足旅行でも意気込みは違っていた。

ついでに加えると、日本ではプラハと呼んでいるが、英語名はPrague、チェコ語名がPrahaというのも面白い。

通称「黄金の街」或いは「塔の街」として知られるプラハは、九世紀にボヘミア地域の最初の王家プシュミスル家が築いた都が始まりとされている。十四世紀に神聖ローマ帝国皇帝に選ばれたカレル一世がカレル四世になると、プラハは神聖ローマ帝国の首都となり、パリにも劣らぬ国際都市に育てようと意気込んだ皇帝は、経済政策、交通網の整備、プラハ城やカレル橋の建造、カレル大学の創設など、都市機能を次々と充実させていき、プラハを名実共に「黄金の都市」に仕上げていった。

私達はプラハに入ると、先ずプラハ南西約二十五kmベロウンカ河畔の丘陵に建つカレル四世の宝石を保管する城として十四世紀に建設されたカルルシュテイン城を見学、王の財産の凄さを見せつけられた。天井や壁に王の宝石が惜しみなく使われている城で、小高い丘の上から「どうだ」と言わんばかりに、いつも下に拡がる領土を見下ろしている「宝石城」だった。

プラハ市内に入る前に、この国の富の凄さを目に刻み付けておけ、と言うわけか。政府とチェコ観光局と現地ガイドの案内コースなのだろう。予想もしないルートに立ち寄ることになり驚いた。

国を誇示し、富を誇示し、歴史に名を残す王を誇示して、内外の来訪者にチェコに対する畏敬の念を掻き立てるような仕掛けに見えたのは、考え過ぎかもしれないが、後にも先にも、入国して先ず国や王の財産を見学させられたのは、これが初めてだったので、これもまたチェコなのだと割り切ることにした。

プラハ市内見物の日、私達のガイドは先ず、どのガイドブックにも出ている見学必須場所から案内した。

先ずは、九世紀半ばにハラチャニィ丘に建てられたプラハ城、その中に建つ聖ビート教会、聖十字架教会。この二つの教会、外壁の多彩な装飾のみならず、内部の壮大なステンドグラスには圧倒された。とにかく贅を尽くしているのだ。やはり王様が大資産家なので、世俗的に言えば「お金に糸目をつけなかった」ということらしい。

次に、城内地続きにカフカが住み執筆していた家がある黄金の小路をぶらぶらし、軒を連ねる小さな本屋などを出たり入ったりしながら、見晴らしの良い高台に連なる道に出て少々歩き、眼下に拡がるプラハの重厚な街並みを見てから、三十体の聖像が並ぶカレル橋に下りて行き、この十五世紀に建造された最古のアーチ式石橋を渡ってそのまま旧市街へ。豊かな水を湛え静かに流れるヴルタヴァ川を眺め聖像を仰ぎゆっくり対岸に渡った後、街なかを歩いて今日の散策の最終地点、世界史に度々登場するヴァーツラフ広場に辿り着いた。つまりチェコ初心者にとって要を得た内容のコースなのだろう。

今日の最終ゴール、ヴァーツラフ広場はプラハの春事件で多数の犠牲者が出たことで知られているが、後にオバマ大統領夫妻がチェコを訪問した際、この広場で核廃絶を訴える演説を行ったことでも有名になった。ところが、このプラハ演説、その後の世界にどんな影響を与えたのか公言する人は多くない。

ヨーロッパ各地を歩いたことのある人なら御存じの、各地に必ずある大きな広場は、国民や住民の意思を表現する場であり、歴史が動くきっかけを作る場所でもあった。政治家のように議会を持たない一般庶民にとり、意見を述べ合い連帯に発展させる広場の役割は大きく、歴史を変えていく力が生み出された事例も多い。広場は国の歴史を動かすことにもなり得る民衆の青空集会所でもあるのだ。

イタリアのかつての独裁者ムッソリーニの遺骸は、処刑されたままの形で広場に数日晒されていたそうだし、大きく時代を遡れば、あのマリー・アントワネットの処刑も人民公開の広場で行われ、群衆はその成り行きを一部始終見ていたわけである。無残な遺体を晒したり、群衆の目の前で断頭台に上り、処刑される瞬間を公開したともある広場は、時として残酷、無慈悲、恐怖の広場に化すこともあったのだが、幸い現代の広場は平和そのものである。

かつて英国が統治したミャンマーのヤンゴンでも、二〇二一年二月一日に発生したクーターに反対する民衆は広い大通りに集まってきた。それに先立ち二〇二〇年に激しかった香港の抗議行動でも、広場がないからか電車やバスが通る大通りを広場がわりにして、中国政治への反旗を翻し抗議行動を行ったのは周知の事実である。ヨーロッパのように街中に広場を持たないアジアの国々でも、時として国民の総意を表す場が求められる時がある。

さて日本では⁇

プラハ初日は、歴史に度々登場する有名なヴァーツラフ広場をゴールとして組まれた「入門コース」だったらしく、的確な説明と無駄のない行程を消化し、私達はここでガイドと別れた。契約した仕事を消化した彼は、一瞬晴れやかになって勇んで帰って行った。

私達のように初めてチェコにやって来た者は、あの大金持ちで野心家のカレル四世が十四世紀に造った御自慢の「宝石城」を皮切りに、ガイドブックに必ず登場する歴史上必見の場所を要領よく案内されるわけだ。チェコ初心者のお決まりのコースなのであろう。何でも入門という入り口があって深みに入っていくのだから、私達チェコ入門者は、今日は「一日で無駄なく歩ける見学必須コース」を巡ったことになる。

この国は、周辺諸国からどんなに痛めつけられようと、王の国造りに捧げる献身と野心が並々ならぬものだったことに間違いないだろう。

当時、欧州列強諸国から這い上がり頭角を現しつつも、他国に自慢できる都市機能を次々に整備しながら、国の威光を確立したいと願う王の強烈な意思あるいは野望に、臣下の誰も逆らうことは出来なかったはずだ。

軋轢や批判を巧みに跳ね除けながら、着々と造り上げていったプラハの街こそが、王自身の血を分けた分身とも言えるのではないかと私は思う。

この日はほぼ一日中歩いたが、この街にウイーンの洗練された優雅さは感じられなかった。痛めつけられ、破壊され、牛耳られても、じっと耐えて生き延びてきた国の歴史が何年たっても消えていないのだろう。

チェコという国は、先に訪れたハンガリーや、十六世紀前半にはウイーンで栄華を誇ったハプスブルク家の支配下で「長い暗黒の時代」を経験している。

街の至るところ、とりわけ裏通りの建物に、強権支配に喘いだ当時の市井の人々の吐息が沁み込んでいるように思えたのは、旅先の感傷であったのだろうか。旅は歩いてみると何かと感じることが多いようだ。

一九一八年にチェコスロバキア共和国独立を迎えるも、一九三八年にはナチス・ドイツが介入し、国はたちまち解体の憂き目にあう。

このような苦渋の歴史に塗りこめられている都市に、その痕跡が見えないはずはない。同じような傷跡を持つワルシャワにどこか似ているのだが、そんな歴史を抱えている街に魅かれる人には、チェコは底知れぬ魅力を与え続けてくれるのかもしれない。

ところが、私の心の目は、この時点でそこまでは開いていなかった。


今回の東欧三ヶ国を巡る駆け足旅行は、奇しくも、かつての支配していた国々から支配されていた国に到るという歴史の中の一時代を辿るような行程だったこともあり、栄華を極めたハプスブルグ家のウイーンから、その支配下に長年甘んじたチェコに降り立った時、そこには明らかに飛び立った時と違う空気感があったことを見逃せなかったのは事実である。

国の歴史や、自分の浅い知識、淡い先入観などが、この国を見る目をどこかで操作していたのかもしれないが、仮に何も知らずに訪れていれば、プラハは少々違った印象を放っていたのかもしれない。予備知識はあったほうがいいのだろうか？　考えさせられるところである。

さらに、今回のような短い滞在で一体何が見えるというのだろう。
駆け足旅行をしながら色々と複雑な思いがよぎった。

第二次世界大戦後、世界地図は大きく色分けが変わり、この国も御多分に洩れず、右に左に大きく揺れる時期を経験している。つまりは大国の「陣取り合戦」に弄ばれたのだ。陣地を少しでも多く取りたいカシラが策略をめぐらせてテシタを奔走させる。地続きのヨーロッパでは、この陣取り合戦は有史以来絶えず行われてきたと言ってよいだろう。チェコもその修羅場を何度も潜り抜け、やっと現在の姿に落ち着いているようだ。
一九四五年第二次世界大戦が終了。
その後も大小さまざまな陣取り合戦を経て、
一九四八年、共産主義政権樹立後、
一九六〇年に「社会主義共和国」と改名。
スロバキア人ドゥプチェクによる「プラハの春」も世界の耳目を集めはしたが短命に終わり、代わって同じスロバキア人のフサークによる「警察国家」政略で東欧最悪と言われた相互不信、宗教不信の空気が蔓延し、東ドイツと並んで国家全体が暗黒の状態に陥る時代を経験している。

一九八九年、あの「ビロード革命」で共産党体制はついに崩壊。この時、国民が花束を持ち寄り犠牲者に捧げたのも、あのヴァーツラフ広場であった。

一九九二年、六月の選挙で晴れて「民主スロバキア同盟」が勝利。チェコとスロバキアの分離が決定。

一九九三年一月、両者は平和的な「ビロード離婚」を果たし、チェコ共和国となり現在に至っている。

分離したスロバキアのほうはあまり話題にならないが、チェコ共和国はその後、地続きの国々と手を組もうと、ＯＥＣＤ、ＮＡＴＯ、ＥＵなどの国際機関に加盟し、新しい国の方向づけを模索中である。

チェコやプラハについての本は数多く、政治史の観点からだけでなく、後年訪れることになる「プラハの春　音楽祭」にちなんだ著書も数冊読んだ。

驚いたことに、私が手にした音楽・絵画・建築など、一見政治に関係ないようなテーマの本の中にも、政治に参加する国民の写真が一、二枚は織り込まれていた。言うまでもなく広場を埋め尽くし拳《こぶし》を上げる人々の体制批判の写真である。人々の日々の生活の中で、食事と同様に政治参加は欠かせないという国民性であろうか。翻弄され続けた国の成り立ちを幼い時から見せつけられている若者も、自分たちの未来がどんな方向に向けられようとしているのか、黙って見てはいられない切迫感がいつも心の奥底に生きていて、微妙な政治問題も気軽に見逃すことは出来なくなっているのだろう。

政治に撹乱された青春時代や学生時代を体験した若者の心には社会人になっても容易には消えて行かないトラウマが残っているはずだ。神経質になり、同調者を求めて広場に集まり、自己主張をしていた学生たちも、幼い時から重厚なチェコの文化遺産に囲まれて育ってきた。そんな彼らの根強くも誇り高い愛国心は、そう簡単には消滅しないだろうと思う。

プラハの街の中心を、たっぷりと水を湛えて流れるヴルタヴァ川（ドイツ語でモルダウ川）の両岸にたたずむ壮大、重厚な建築群、その間に天に伸びる数々の塔を仰ぎ、黄金の街とも言われた立派な都市を幼い時から誇りに思って育ってきた彼らである。

この街が与えたものは決して小さくはないはずだ。

モーツアルト、ベートーヴェン、ドヴォルジャーク、マーラー、ヤナーチェク、スメタナなど私達にもなじみ深い作曲家も、この街に生きた。

むしろこの街に魅かれて辿り着き、持てる才能を思い切り開花させたることができたと言ってもよい。美と陰りの二つの魅力を備える街、歴史に翻弄されても、それをバネに甦り、深みを加えて行ったプラハ。

この街に深く魅かれて行く人が多いのも頷ける。

浮き沈みの多い欧州政治の渦中で耐えてきたチェコであるが、建築や絵画などにも、見るべきものが多いのが救いである。

ここで、数あるチェコ本の中から選ぶのは難しいが、一冊、愛情を込めて案内してくれる建築史家、田中充子著『プラハを歩く』（岩波新書）をお勧めする。

さて、短い日程にもかかわらず、ここプラハでも名だたる場所はすべて見学ができたのは幸いであった。つまりプラハ初心者にはお勧めのコースだったのだ。

今回、“Seeing is believing.”という古来周知の諺を改めて実感した。

「わかりました」「理解できます」も“I see.”

つまり「見る」ということは物事を理解し納得するために、とても重要だということであろうか。実物を間近に見ることほど心打つ体験はなく、憧れていた都市を巡り、見たかった建築が目前に迫った時の感激は、その場に行って自分の目で見ないと味わえない経験である。

プラハの街も、建造物も、今まで何度となく写真で見てはいたが、様々な歴史を潜り抜けてきた都市が持つ空気感までは感じなかった。単に平面的な印象を持ったに過ぎない。でも、それが、その写真が、今回の旅行の大きな引き金になったのだった。

短期間でも充実していたのは、小型車で無駄なく巡ってもらったお蔭だと思う。今回はこの「百聞は一見に如かず」という短い言葉が持つ深い意味に納得し、いずれ機会があれば、次回は改めてゆっくりじっくり見て歩こうと自分に言い聞かせた。

街はすでに夕闇に包まれ、私達はこの旅行最後の夜を迎えようとしていた。しかし、帰り支度をする前に大きな予定が待っていた。

東京から用意して行った「旅のフィナーレ」である。

プラハ三日目の夜、つまり東欧三ヶ国を巡った今回の旅の最後の夜、東京で買っておいたチケットでオペラを観に行く予定を組んでいたのだ。

私達の旅の総括とでも言えようか。幸いなことに、その夜は願ってもないお気に入りのプログラムが組まれていた。

演目はヴェルディの「ナブッコ」。会場はプラハ国立歌劇場。

ホテルからタクシーで劇場に着いた時はもう辺りは薄暗くなっており、人を寄せ付けないような厳めしい外観には、オペラ・ハウスが醸し出す独特の華やかさなど微塵もなく、これからオペラを観るのだという独特の高揚感も湧かなかった。ドイツ・オペラを上演するために一八八七年に建てられただけあって、いかにも堅牢で威圧的な印象を与える外観は、護りを固める「東欧」の過去を思わせ、国家予算の関係かお手入れ不足の外装が哀れですらあった。

しかし、階段を上がり一歩中に入ると、大理石が敷き詰められ、階段には深紅の絨毯も敷かれ、高い天井にはシャンデリアの光が煌めき、オペラを楽しみに来た客人たちを歓迎し、温かく包み込んでくれるようで、心底ホッとした。

さらに分厚いドアを開け劇場内部に入ると、そこに拡がっていたのは正に西ヨーロッパ的な空間そのもので、パリのオペラ座と変わらない美しい天井画、壁まわりは五階まで仕切りの付いたボックス席が重なり、床席にはえんじ色の布張りの一人掛け椅子が整然と並び、社会主義の洗礼を受けた国のオペラ・ハウスとは思えないぐらいの優雅さを演出していた。一人掛けの椅子に座り周囲を見回すと、ここはやはりヨーロッパなのだと得心した。

緞帳が開き待望の「ナブッコ」が始まった。ステージから程よく離れている理想的な席だったので、オーケストラ・ボックスの演奏もステージの動きも一部始終オペラグラスを使わずに堪能できた。

第三幕で、囚われた大勢のユダヤ人が祖国を思って歌う有名な「行け我が想いよ、金色の翼に乗って」の合唱は、何度聴いても胸に沁みわたるヴェルディの傑作の一つと言ってよいだろう。私が「ナブッコ」を初めて聴いたのはパリのオペラ座であったが、ここプラハの歌劇場に来ているのは殆どがチェコ或いは周辺に住む人たちであろうから、自らが或いは自らの祖先が辿った歴史の暗闇の部分に重ね合わせながら聴いていたのではないだろうか、パリのオペラ座に集まっていた人達とは異なる空気が流れているように感じた。

次にこのオペラを観たのは二〇一三年秋、イタリアの古都ボローニャの市立歌劇場だったが、こぢんまりした古い歌劇場も満席で、ここでは、この合唱『金色の翼に乗って』が繰り返し二度歌われたので驚いた。これはこの曲がイタリアの第二の国歌とされているからだそうで、隣席のイタリア人観客も座ったまま、当然のことのように静かに歌っていたのが印象的だった。

このオペラがイタリア人の心の中にしっかりと根づいており、公演に立ち会えた幸せを噛みしめているかのように歌っていたのが心に残っている。

捕らわれの身を演じ感情をこめて歌われる大合唱は、言うまでもなく第三幕の圧巻であり、パリでも、ボローニャでも、ここプラハでも深い感動が残った。

この合唱に深く心打たれた方が、もう遠くないと感じていた御自分の葬儀の時に、流してほしいと家族に頼んだ曲でもあったと、後で同行した友人から聞いた。まだまだ働き盛りなのに、若い家族を残し天に召される自分の運命を、どんな思いでこの曲に託したのであろうか。


続いて最後の第四幕、複雑な父娘関係の骨肉のドラマは終焉を迎え、オペラ「ナブッコ」は幕を閉じた。長い賞賛の拍手は鳴りやまず、やがて立ち上がった人々は更にあたたかい拍手で指揮者、歌い手たちを緞帳の前に呼び出した。会場はみんな総立ちであった。この拍手と歓声こそが演奏者たちには最高のご褒美であることは言うまでもない。

主役を演じ好評だった歌手は何度も呼び出され、喝采の中で丁寧なお辞儀を繰り返した。ステージと客席が一体となって歓喜に酔うのは、なかなか良いものである。この西ヨーロッパ的な劇場空間の中で、居合わせた人々はオペラの余韻に包まれ、すっかり表情を和ませていた。縁あって同じ時間を共有した私達も、ここプラハでの最後の夜に、演者と観客が共に沸き立つ時間を間近に見て、幸せな気分に満たされて、さざめく人波のなかを外に出た。

隣席のチェコ人らしき紳士とも二言三言「ナブッコ」賛辞を述べ合い、笑顔で別れを告げた。

私達なりの旅のフィナーレは、ここで一応完結したのだが、このままタクシーでホテルに帰るには、少々もったいない穏やかないい夜であったし、オペラも実に素晴らしかった。気分は高揚し、残り僅かになった旅の時間をじっくり味わいたかった。

幸いにして、同じホテルから来ていた日本人御夫婦と出会い、チェコのビールで乾杯しましょう、ということに。意見は直ぐにまとまり道路を隔て公園を突き抜けたところにある古いホテルに立ち寄ることにした。余韻を楽しみ旅の最後の夜を過ごすには、これ以上ふさわしい場所は考えられない老舗五つ星の Esplanade Hotel。

森閑とした場所に渋い照明で浮き上がって見えるサロンは、木立の間からも室内が見え、いかにもオペラの後に立ち寄るには最高の場所である。

私達四人は案内された窓際のテーブルで、林の向こうに先ほどまでいた歌劇場をぼんやり見ながら、よく冷えたチェコ・ビールで乾杯した。

正面玄関からゆっくり下りてくる客達の波はまだ続いていた。

オペラを楽しんだ客たちは、歌劇場の照明を背後に受けながら、立ち去りがたそうに階段を降り、鈍い街灯に照らされた静かな通りに消えて行った。

終演のころになると、西欧のオペラ・ハウスの前には迎えの車が見事に集まってくるのだが、その数はここでは数えるほどであった。

私達はビールを片手にオペラ「ナブッコ」の興奮を語り合い、さまざまな話題を思いつくままにしゃべり続けた。ここエスプラナード・ホテルは一九二七年に出来た老舗のホテルだが、他にも一九〇四年名門ブランディス家が創設したホテル・パジーシュがある。パジーシュとはパリのことで、全館アールヌーヴォー様式の雰囲気は知る人ぞ知る優雅なホテル、御夫婦はそこでお茶の時間を楽しんだそうだ。

政治権力の浮き沈みで、紆余曲折が絶えなかった陸続きのヨーロッパであるが、例外なくプラハにも、一世紀もの間大切に維持され、昔を想う人々に優雅な時間を提供し続けている洗練されたクラシックな場所が残っているのだ。

ビロードの光沢を放つプラハがここにあった。

最後に、この章は「初めての東欧」と題しているが、或る学者によると私達が旅した三ヶ国のなかでも、ハンガリーとチェコは、冷戦後の現在は「中欧」と呼ぶほうが正しいとの説を出している。

これを簡単に紹介して閉じることにする。つまり「中欧」の国々とは、今やチェコ、スロバキア、ポーランド、ハンガリー、旧ユーゴスラビアを指し、「東欧」と呼ばれる地域は「旧ソ連」を意味するという説である。

学者の分析も時代と共に変わるので、失礼ながら暫定的な呼称と言ったほうがよいのかもしれないが、旅に御縁があった地域だけに、この説を無視できず参考までに紹介することにした。

過去の例を見ても、歴史学者の理論や分析は、その時点で脚光を浴びることはあっても、いつまでも続くとは言えないことが多い。後に続く時代に、どんな思想論調が受け入れられるか、もてはやされるか、によって、歴史学者の仮説はもろくも捨て去られることがあるからだ。解釈や分析は、学者といえども、その時代を生きなかった人間が、後世に資料を当たりながら導き出す学説であり、一読の価値はあっても、自分の考えをまとめる一助に過ぎない。

欧州から遠く離れた東洋の島国に住む者にとって、欧州をどのように分割して何と呼ぼうが、差し迫ったモンダイではないにしても、ニュースをよく読み、世界の現実から目を離さず、微妙に変わっていく遠い世界のことにも、目を逸らさないようにしたいものである。仮に遠い世界のことであったとしても、遅かれ早かれ、大なり小なり、直接間接的に、我が日本にも、国民の日常生活にも、関わりが出て来るからである。

新しい学説を読み、この章のタイトル、つまり旅先の名称を修正したほうがいいのかどうか、考えさせられたことは確かである。

……しかし変更はしなかった。

堀武昭著『東欧の解体　中欧の再生』新潮選書

関心のある方はどうぞ。

第22章

パリ　万感の思いをこめて

2000年６月

パリ

アメリカ東部デラウエア州に住み、夏になると故郷パリにやって来る友人ニコルからの誘いで、二年ぶりにパリに出かけることにした。やはり彼女をよく知る東京の友人と連れ立って、とくに何をするのでもなく、気の向くままに歩こうと、私達にとっては一番楽しい旅のパターンにウキウキしながら、日本のお土産を抱えて成田を発った。

夫の転勤で数年間住んでいた東京は、彼女の言葉によれば、いつまでも忘れがたい東洋の都であるらしい。私は紀尾井町のホテル・ニューオータニの版画店で版画を選び、これに本人お気に入りの日本のお菓子を添えることにした。

海外の友人を訪ねる時は、たいていこのお店で版画を選んでおみやげにしているのだが、数ある中から贈る相手のことを考えて一枚を選ぶ段になると、簡単にいかないのが常であった。しかし今回も迷った挙句、御夫妻の趣味に合いそうな作品が見つかり、シックな包装をしてもらって目の前に差し出されたときは、心はもう海を越えていた。

十六区の瀟洒なアパルトマンを買ったのは、アメリカの生活に物足りなさを感じ始め、もともと住んでいたパリが懐かしくなったからだとか。仕事の関係でアメリカに住んではいても、休暇が取れると逃れるように、ここに来ていると聞いていた。

ご主人が焼きたてのパンを家でゆっくり食べたいという、子供のようなささやかな願いも、その一つだったということだ。冷凍庫から出して電子レンジで解凍して食べるパンなどは、アメリカ人には普通のことでも、こんなものをよく食べられるものだと常日頃から毛嫌いしていたのだとも聞いていた。パリの生活で楽しんでいた食事、とりわけ美味しい焼きたてのパンの味にも飢えていたのかもしれない。

二人の決断はすぐに実行に移され、昔の住まいからも遠くなく、気に入った物件を紹介されたので購入したと聞いていた。

二人にとってパリの朝の日課は、なじみの店で出来立てのクロワッサンを買ってきて、自分で淹れた熱いコーヒーを飲みながらゆっくり新聞を読んだ後、あちらこちらと散歩に出かけること。そんな変哲もなく平凡な生活をゆっくりしたくて、休暇に入ると、いそいそとパリに戻り、と言うより「逃げて」来ていたのだ。

パリの空気を吸って、二人の若き日は甦り、故郷に戻ってほっとするような日々を楽しんでいたに違いない。十六区の静かな住宅街にあるこのアパルトマンの生活は、とりわけ御主人にとって、かけがえのない楽園であったと度々聞かされていた。静かで平凡な日々が、仕事にどっぷり浸かって過ごしてきた長年の心の疲れを芯から癒してくれていたのだから。

ちなみに十六区に住むということは、フランス人の憧れらしく、なるほど建ち並ぶ周囲のアパルトマンには落ち着いた高級感があり、辺りは静かである。

BC、BG（ベーセー、ベージェー＝Bon Chic, Bon Genre＝一流の、趣味の良い、しゃれた、品の良い、の意）の代名詞となる住宅地として、パリの人々から一目置かれているのも頷ける雰囲気を持っているのだ。

通りを歩く人たちも、仕立ては良いが、どちらかと言えば地味でオーソドックスな普通の服を着ていた。決して派手ではなく、人目を引くような鮮やかな色など使わない装いで、小声で話しながら静かに歩いていた。

しかし、御夫婦が仕事の関係で住まいに選んだ北米のデラウエア州も、アメリカ東部の小さな州であるが、現バイデン大統領の地元でもあり、緑多い落ち着いたところなのである。


さて、この凱旋門に近いシックな住まいには、思えば、二年前に夫と共にお邪魔している。その時は引っ越して間もなくで、家具が揃わず、段ボールの箱の上にワイングラスを置いて四人で乾杯したことがあった。

この時のサロンでの乾杯は、今も心に残る楽しい思い出である。

今回、あれから二年がたち、すっかり落ち着いたサロンで、私達四人は香り高いお茶をいただいた。段ボール箱は消え、足元に敷かれたモダンな絨毯の柄がはっきり見えるガラスのテーブルが光っていた。北欧製の揺り椅子も古い部屋にうまく調和して、もう長年住んでいるかのように溶け込んでいた。生まれ育った街なのだから、当然でもあっただろうが、結婚してしばらく住んでいた住まい（アパルトマン）も、ここから意外と近いのだそうだ。

その住まいにも愛着があったが、アメリカに住むことになって、もう必要はないだろうとあっさりと処分したのだとか。

二人の人生計画は、その時点ではアメリカ永住を決めたことになる。なぜなら御主人は一八〇二年設立の世界的な化学工業会社の研究者、技師として、その本社のあるデラウエア州ウィルミントンで人生を全うしようと決断し、森のように木の多い郊外に家も建て、二人の息子もここで育った。

やがて、その彼らも成人し家を出る。これを英語で Empty Nest（空っぽの巣）と呼び、子供たちが成長して飛び立って行った後の、空虚になった家庭の代名詞として使われているのだが、ニコル夫婦にも、時を経てこの時代が訪れたのであった。「老夫婦」とは言わないが、二人の息子が飛び立った後は、名状しがたい空気が流れ始めたことであろう。その空虚さは容易に想像できる。

パリに住まいを持ち、時々気分転換に往復しようではないか。

息子達の声が聞こえなくなり、がらんとした家で向き合う二人の間で、次第に「パリ」が大切な切り札になって現実味を帯びてきたようだ。

こうしてアメリカとフランスに家を持ち、時折往復して住み続ける決断は別荘を持つ感覚とはいささか異なるが、さまざまな思い入れや葛藤が渦巻いたことであろう。このアパルトマンは、しかし、二人の人生に最後に訪れた大きな買い物であったことには間違いない。

そんな住まいにお邪魔したわけである。

さて、これからしばらくパリで一緒に過ごす時間が多くなる。客用の寝室はあっても、四六時中一緒ではご夫婦も大変なはず、いわゆるB&B（宿泊&朝食）は別々の方が良いと思っていた私の希望で、住まいに近いところに宿を予約してもらっていた。

予想は的中し、滞在中、ニコルの家に夜遅くまでお邪魔しても、何の心配もなく数分歩くだけで「帰宅」することが出来たのは有り難かった。そこは「ブーローニュの森通り」にある、かなり古い三ツ星ホテル。古風な内装がこの街にふさわしい、まことにこぢんまりしたホテルで、私達は一週間ほどのパリ滞在の拠点をここに置き、しばし十六区の住人になった。

第一夜は、近くのアパルトマンにお二人を訪ね、用意してくれた夕食を四人で囲み、ワインを飲みながら積もる話題に時間を忘れた。

言うまでもなく、二人がかつて住んでいた東京、とくに広尾界隈のことが最大のテーマで、持参したお土産にまつわる思い出話にも花が咲いた。

私達も宿が近いこともあり気を許し、遅くまで久しぶりの再会を喜び合った。深夜になっても、二、三分で帰れるという気安さが、滞在中どんなに助かったかわからない。

さあ、明日からどんな散歩が始まるのであろうか。おいとまする前に食事室の裏手に階段があるので、屋根裏にでもつながるのかと訊ねてみると、やはり、ここは十六区、女中部屋に繋がる階段だとのこと。

街の大通りのアパルトマン最上階によく見かけるマンサール屋根の屋根裏部屋に通じる階

段なのだが、つまり、この地区では、昔から女中がいて当たり前の家族が住むための住まいとして建物が設計されているのである。

納得して大きく頷くと、「私達には必要ないのだけど」とニコルが笑った。


ぐっすり眠って翌朝目が覚めると、窓の向こうに青空が見えた。パリはこの季節、晴天が続く。六月はとくに美しい。湿気を含まない風の何と心地良いこと!! 今日から気ままなお散歩が始まるが、出来るだけ地上を歩こうと二人で話し合っていたのも、この素晴らしい季節の空気感を満喫したいからだった。

ニコルが午前中は空いているので、自分が学んだソルボンヌ大学に案内するということで、半日だけつきあってもらうことにした。御主人は毎朝ジムに出かけるらしい。

六月も半ばを過ぎると、学内には学生の姿はなく、自由に構内を見て廻れた。

街の中にあるせいか、通りがかりの人も気楽に立ち寄れるような開放的な佇まいである。近隣の景観を邪魔しない乳白色の石を使い、奇をてらわない標準的なデザインの校舎が並んでいた。入り口には守衛さんもいなければ、門らしきものもない。従って許可証などを求められることもないが、当然のことながら、校舎の内部には入れなかった。

私達は卒業生ニコルの案内でキャンパス内を見学した後、馬車でも通れそうな重厚な石の門を再びくぐり、外に出た。

そこは住宅地で、同じような乳白色の石でできたアパルトマンが点在しており、大学にまつわる店などは見当たらなかった。

母校、東京女子大学は西荻の北、善福寺の一角に広いエントランスを構えているが、開門しているときは、学生、教職員以外は入り口で守衛さんのチェックを受けなければ入れない。四谷駅前の上智大学も同じで、四谷キャンパスも市ヶ谷キャンパスも入り口に守衛さんが常駐し、学生以外の訪問者は受付で訪問理由などを書き込まねばならなかった。母校であっても、卒業してから行くと顔パスは最早通用しなくなり、外来者受付に立ち寄る義務が課せられるので、受付などのないソルボンヌ大学の出入りの自由さには一瞬とまどいもあったことは確かである。

せっかくここまで来たのだから、あの有名なガルニエのオペラ座も見に行こうということになり、正面入り口から入り、目の前の絢爛たる階段あたりをじっくり見て、パリの心臓部に君臨するように建つ歌劇場の中を、巡り巡った。ここもソルボンヌ同様、内部を一巡するには申込書も不要で、ツアーガイドを頼むこともなく自由に見学ができた。

内部には一人の警備員もいない。訪問者を信頼して「どうぞゆっくりご覧ください」ということだろう。上階にぐるりと並ぶ個室鑑賞席だけは、さすがに扉に鍵がかかっていて入れなかったが、小さな窓から中を見ることはできた。

内装の豪華さ、そして維持管理の良さは、何度来ても目を奪われ、自分がその場にふさわしい訪問者であるかどうか、自問自答してしまう威圧感は到るところに漂っている。しかも、大幅な改装はしていない（いないように見える）ので、ほぼ完成当時の原型を留めていると言ってよいのかもしれない。しかし、目立たないところの修理などは、人の出入りのない時間にきちんと行っているはずである。フランスが世界に誇る文化財の維持管理は、非常にスマートに行われていることが、今回、観客が一人もいない館内を歩いてみて感じとれた。

足音を吸収するように厚手の絨毯が敷き詰められている廊下を歩きながら、フランス人の中でも、昔からこの劇場に出入りできる人は限られているのだと、ニコルが言った。ここは設計者ガルニエの名を取り、ガルニエ宮とも呼ばれ一八七五年に完成したが、上流階級の華やかな社交場として、それなりの階層や身分の人間でないと、入場をたじろぐ雰囲気があることは容易に理解できる。

フランス人は洗練された上質のものを好むとはいえ、国民の大多数は普通の中産階級であるが、街を歩いていると肌の色が違う移民層も少なくない。

難民として遠い国からやっとの思いで辿り着いた人たちが、やがて市民権を得てフランス国籍を取得すると、能力あるものは、サッカーなどの世界大会にフランスの選手として出場し、生まれた国の選手を相手に、自分は青・白・赤のフランスの国旗トリコロールを胸につけて戦うことなど、決して珍しいことではないのである。しかし、オペラやバレエを観に何回かガルニエに通ったが、移民層らしき観客を客席で見たことは一度もなかった。

このガルニエ宮とも呼ばれるオペラ座に飽き足らず、後年、社会党のミッテラン大統領の肝いりで出来たオペラ・バスティーユ（一九八九年＝フランス革命二〇〇年記念年に完成）は、長年この社会主義者が胸に温めてきた静かなる反撃とでも言えるプロジェクトだったのではないだろうか？

この二つの歌劇場の違いは明らかで、今更何の説明も要らないだろう。

淡白な外観のオペラ・バスティーユは言うまでもなく一七八九年のフランス革命勃発の地バスティーユ牢獄近辺の跡地に建っている。

ここでは、上質の出し物を普段の生活の延長線上で気軽に誰でも楽しめるよう配慮されているからであろうか、観客動員数もガルニエに引けを取らない。

この二つの劇場はいろいろな意味でフランスの側面を表していて興味深い。

自らが帰属する階級に疑問を持つ人々が大きな反乱を起こし、王政に反旗をひるがえし王族を根絶までして、従来の国家のかたちを切り捨てた一七八九年の革命は、フランスの歴史を語るとき取り上げられることが多い史実であるが、様々な角度から多様な解釈もできる。

地方都市や農村と違ってパリは複雑な人種形態を併せ持ち、王族の血をひく人々も少なくなく、様々な階層の住民が集まっているので、刺激や摩擦も多く、逆に同じ階層に属していれば横の連帯も作りやすいのであろう。「連帯」という言葉は、東欧で近年よく使われていたが、ブルジョア階級は他の階層の人々に対しては、見て見ないふりをして無関心を装うことがあっても、抜け目のない彼らは、自分たちの身辺に降りかかってくることには決して目をそらさない用心深さ、自己防衛のための身構えが備わっている。

何か不満があると、すぐに集まってデモを起こし、同調者と道を占拠して練り歩き、大きな旗を揺るがせながら自らの主張をアピールするのは常套手段で、パリ市民はこのようなデモを見慣れており、むやみに神経を尖らせたり反応を示すこともないようだ。「やらせておけ」ということらしい。

いわゆる「見て見ぬ振り」をしているということである。たまたまデモの傍を通りかかるときは、「やってるね」という顔つきで傍を通り過ぎるだけで、自分の感情をむやみに顔に表す市民は殆どいない。

美しいが複雑なお国の事情を背負っているパリで、この二つのオペラ座は、或る意味、いいバランスで存在しているのではないだろうか。

後年オペラ・バスティーユでオペラを観たが、内部は客層も含めて至ってざっくばらん、確かに大きいが、まるで学校の体育館のような飾らない内装で、徹底的に装飾を排除して設計されていた。観客は先程までの日常をそのまま持ち込み、仕事帰りに気楽に鑑賞しているかのように見えたし、館内には胸を躍らす仕掛けなどは何処にも見当たらず、普段着のまま立ち寄っても何ら抵抗がないように見受けられたから、観劇のための服装の準備まで手が回らない旅行者にとっては、かえって有り難かったことを思い出す。

このように長い歴史を刻みながらも調和のとれた景観を損なわない街を歩いていると、あれやこれやと思いが飛び交い、文字通り「下手の考え休むに似たり」の自分に苦笑してしまった。

　ニコルと私達二人は、次の約束をしてガルニエ宮前の広場で別れた。

　十三時にと指定された五区の大学通りにあるブラッセリー・バルザーで、ジャクリーヌとお昼の約束があったからだ。こちらはフランス人のジャクリーヌのほうで、この名前は実に多いのである。

　東京から戻ってかなり時間がたったが、ジャクリーヌとここパリで会うのは今回で二回目である。あのエリート校ＥＮＡを出て、パリ国立銀行ＢＮＰパリバに勤務する夫と現在（二〇二一年）はロンドンにも住まいを持ち、英仏海峡を往来しているらしいが、彼女は東京にいる時から典型的なパリジェンヌといえる雰囲気を持っていた。

　東京での住まいはフランス大使館に近い麻布の高台にあったが、居間には日本各地で蒐集した渋い色の焼き物や骨董が程よく飾られ、茶道の世界のような装飾の少ない地味で簡素な部屋を好んでいたようだ。

　自ら油絵を描き、華やかな雰囲気を持つ読書家の彼女が、日本への愛をこめて作ったお気に入りの部屋で、それぞれの収集品には物語があり、その一つ一つの説明をするときは、家宝を説明するときのように細やかな知識がこぼれ出るのであった。

日本駐在を命じられ初めて遠い東洋の国に行くことが決まってから、彼女なりに日本を検索して知識を養っていったようだ。

パリは十六区の国立ギメ東洋美術館、そこが彼女にとって恰好の日本入門の場になり、来日前には日本に伝わる古い逸品を幾度となく見に行ったそうだ。私も二回訪れ、大学の同期同窓生が尽力した蒐集展示を一緒に見て廻ったことがあったが、そこは日本でも見られないような様々な生活に密着した装飾品や道具が、よく管理保存されてケースに収まっていた。

一点の汚れもないガラス・ケースの中で漆塗の品々が放っていた独特の光が忘れられない。

今さら言うまでもないが、陶磁器類、瀬戸物などはChina、漆器はJapanと呼ばれている。

このように、日本の見事な漆芸は十九世紀の終わりごろに既に世界の収集家の目に留まっていたのだ。

実業家エミール・ギメが蒐集した珍しい日本古来の銘品を、ここパリの美術館で初めて見たときは、言葉に尽くせないほど驚いた記憶がある。

一八八九年にパリのこの地に移されるまではリヨンにあったとか。実業家ギメの故郷は南のリヨンであったからだ。

ジャクリーヌは、やがて住むことになる日本のことを、あれこれ想像しながらここを何度も訪れ、好奇心をふくらませ感覚を研ぎ澄ませていったのだろう。

ここで、ギメ美術館に人生の大半をかけ、多くの貢献をした同窓生がフランス語で書いた本を、敬意をもって紹介する。

"Quand le Japon s'ouvrit au monde" (2001) Keiko OMOTO, Gallimard 出版社

彼女は大学を卒業してフランスに渡り、ソルボンヌを卒業した後、長い時間この美術館と共にあったといえる。私がパリで会ったのはギメでの仕事に打ち込んでいる正にその時代だった。忙しいなか、せっかくやって来た同窓生のために貴重な時間を割いて美術館の一室で会ってくれたのだが、決して奢ることなく淡々と自分の仕事について語ってくれた。

パリというと、どうしても華やかなイメージが先行するが、どうも彼女は大学生のまま年齢を重ねてきたようだ。学究とはこういう人を指すのだろう。

別れる時、「実家の母が心配なので、いずれは日本に帰らねばならないのだ」と言っていた。

ギメ美術館からは、月に一度ニュース・レター・メールが届き、あの静かな居心地の良い空気も一緒に運ばれてくる。日本だけでなくアジアの古美術展、子供達を対象にしたプログ

ラムなど、接する機会の少ない東洋の文化に興味を持たせようとの試みが企画されていて、心温まる内容である。比較的最近では二〇一四年に、ここギメ美術館で須藤玲子さんによるNUNO Koi Currentsと銘打ったテキスタイル・インスタレーション展が催され、美術館内部の高い天井に、日本の布地を使った鯉が二十匹ほど泳いだこともあった。

こうしてギメ美術館では古い日本の銘品を展示するだけでなく、現代の芸術作品も大いに取り入れ、フランス人の異文化への好奇心を満たしている。

夫の東京での赴任期間が終わり、またパリの住人になったジャクリーヌは、ギメで開眼し、日本で見聞を広め、数年の滞在で影響を受けた感覚が、作品に影響していると言って自分の油絵の写真を見せてくれた。住まいとは別に持っているアトリエで一日の大半を制作に充てているそうだが、その絵を展覧会に出品すると、予想していたよりよく売れるのだと言って笑った。フランス人が抱く遥か遠い世界への憧憬と好奇心が、ジャクリーヌの画風に滲み出ていて人を惹きつけるのかもしれない。

明るく気取らない人柄なので、四方山話は尽きなかったが、私達は二時間あまりのお昼を共にし、よく喋り、再会を約束して店の前で別れた。

ジュリエット・グレコを思わせる黒尽くめのロングドレスをまとった彼女は、私共からの日本のお土産をしっかり胸に抱いて、店の前でいつまでも手を振っていた。私はお返しに、目立たないような小さな投げキッスを送った。

この瞬間、旧交を温め、改めて友情を深めていく思いが覆いかぶさり、うっすら目頭が熱くなっていた。

この日、この後、もう一つの予定があった。

ジャン・ヌーヴェル（一九四五～）というフランス人建築家が設計した斬新なガラス張りのアラブ世界研究所（一九八七）を見学することにしていたのだ。日暮れが遅くいつまでも太陽が輝くこの季節には、こういうハシゴが可能である。あの高級貴金属の老舗が依頼した十四区のカルティエ現代美術財団（一九九四）も設計したと聞いていたが、ここには立ち寄る時間がなかった。

ジャン・ヌーヴェルの作品は日本ではあまり知られていないようだが、東京・汐留の電通本社ビル（二〇〇二）は彼の設計である。このビルを私は未だ見たことはないが、かつて旅先のスペインで二つの建物は見ている。

マドリードのソフィア王妃芸術センター新館（二〇〇五）、ここでは内部の展示も見学した。同じスペイン・バルセロナの街中に突き刺したように現れた水道会社の超高層ビル、トーレ・アグバール（二〇〇五）、内部の見学こそしていないが、街中を歩いている時に突如現れ、意表を突かれたことがあった。

楕円形のラグビー・ボールを地面に突き刺したような巨大な突起物が古い街並みに現れた時には、思わず「変わったカタチ〜!!」と叫んだことを憶えている。優れた建築家が設計したとはいえ、この建物は街にそぐわない異物にしか見えなかったが、時代と共に評価は変わっていくのかもしれない。

かつてこの街に斬新なデザインの建築を建てたモンタネールやガウディも、当初から大歓迎されたとは言い難いのだし。

この日のお目当ての建物見学、ジャン・ヌーヴェルが仕事の本拠地パリに建てたガラスのビルは、文字通りアラブの伝統的なモチーフとハイテク技術が融合されており、古い都の風情を壊さないように姿を現した「斬新だが邪魔にならない」建造物だというのが私の感想であった。広い内部は予約なしでも入場券を買えば、誰でも入場できる。

受付では丁寧に見学順路、館内設備などを教えてくれ、斬新な建物に初めて恐る恐る入ろうとする見学者をにこやかに迎え入れてくれるのだった。

館内にはアラブ系の人の姿もなく、アラブの音楽で雰囲気を作るなどの演出もなく、受付で説明をしてくれる女性の静かなフランス語だけが響きわたっていた。彼女自身も、どこから見てもアラブの血を引いているとは思われなかった。

他に入場者がいないらしく館内は静寂そのもの。足音すらも吸収するようにできている床を踏みしめながら、アラブのデザインが施された磨かれたガラス越しに、ときどき外の大木の茂みなどが見える部屋もあって、広い館内を誰に気を遣うことなく、見学コースすべてをゆっくり見せてもらうことができた。所々に大きな窓があり、セーヌ川や対岸の教会なども見えるので「ここはパリなのだ」と感じる瞬間も用意されているのは、パリで育った設計者ジャン・ヌーヴェルの動かせない心情であったのだろうか。

無機質の内部で味わった嬉しいスポットであった。

バルコニーのような外部空間にも出られるようになっていて、そこから眺めたセーヌ川、ノートルダム大聖堂の姿は正に一〇〇点満点の眺め。

セーヌに浮かぶ遊覧船バトー・ムーシュ（セーヌ川遊覧船）が客をのせて動いているのも

間近に見えた。日差しが降り注ぐパリ中心部の眺めは、この斬新な建物の中から見ると絶妙なコントラストであった。

爽やかな風、穏やかな日差しを独り占めして、今パリをのんびりと歩いているのだと心に言い聞かせながら、眼下に広がるパノラマのような街を飽きずに見ていた。

いい日に当たったのであろう、この日、この時間に、この建物を見に来た者は私達二人だけであったのも幸いであった。これも気ままに歩ける旅行の醍醐味であろう。案内のガイドが付くと、無駄なく効率的に見てまわれるが、こうはいかない。

明るいバルコニーで、日差しを浴びながら、受付でもらった案内を見ると、ここでは「アラブの言語&文化・習得コース」というコースが設けられており、大人も子供もここに来れば、自由に講座を受けられることを見学の途中で知った。

同時に、そのような言語・文化交流企画の流れが日本にもあったことを思い出した。東京飯田橋にある東京日仏学院（現在の「アンスティチュ・フランセ東京」）（一九五一）のことである。

フランスの名建築家ル・コルビュジエの弟子、坂倉準三の設計で、飯田橋駅から外堀通りを市ヶ谷に向かって歩き、大通りを右手に一歩入り「逢坂」と呼ばれる急勾配な坂道を登ると目の前に芝生と白亜の校舎が現れる。

そこには紛《まご》うことなきフランスが広がっていて、かなり長く通った私には「一番長く在籍した母校」と言える。

二〇二一年でちょうど七十年の歴史を刻むが、最近、新進気鋭の建築家が昔の校舎を残して新しく学内を拡充した。私にとっての懐かしい学び舎は、そこで出逢った素晴らしい友人達との思い出とともに今なお色褪せず残っている。

ここは自国の言語と文化を普及しようとするフランス政府の方針で出来た教育機関で、太平洋戦争の敗戦後六年で廃墟と化した東京の都心に開校した経緯がある。戦後、日本は広く世界に目を向けていかねばとの苦い反省、新しい方向性のようなものが、時の政府を強く後押しをしていたのだろう。

東京日仏学院の開校式には高松宮殿下、当時の首相吉田茂、駐日フランス大使デジャンのような軍人以外の政府要人が、お祝いの式典に列席したそうだ。

旧称・東京日仏学院は、フランス政府が自国の言語ひいては文化の普及を考えて、極東の日本にもと創った語学学校である。敗戦当時、日本が日本語の普及をどれほど考えていたか知るところではないが、フランス政府の方針は、長い目で見れば決してマイナスではなかったようである。

私が通っていた十年余りの間、優秀な先生は殆どフランス政府から派遣された言語の専門家であった。内容が良く質の高い講義は、こういう先生方が担当されていたので、慎重に選んで登録していたものである。進級テストも必ず結果を玄関ホールに張り出すので、自分が何点ぐらいで上のクラスに行けるのか、それは合格発表を見る時の心境そのものであったことを憶えている。

繰り返すが、パリの、このアラブ世界研究所も同じように、フランス人にとっては異文化の世界、あまり馴染みのないアラブ圏の言語や文化を、大人だけでなく子供にも知ってもらおうと建設が企画されたのではないかと思う。

その経緯までは詳しく知らないが、この柔軟性のある精神構造が、海で隔てられた遠い国への好奇心を、昔から息づかせているらしい。

もちろん、したたかな「植民地政策」などが、後ろに蠢《うごめ》いていることは言うまでもない。

東洋ではインドシナ半島ヴェトナムにフランスが根を下ろし、長い時間をかけて南方のパリを作ろうとしてきた。北のハノイ、南のサイゴン、その中間の古都フエにも、フランス人が好むお宿が建てられ、ここに入れば何不自由なく母国に居る時と同じように過ごせるよう受け入れ態勢を整え、安い賃金で現地人を雇い、徹底的に教育し、フランス人たちに奉仕させたので、冬の厳しさを逃れて南方に来ても、甘い生活を続けることができたのだ。料理は勿論のこと、ヴェトナムでパンが美味しいのは、この時代の置き土産なのである。焼きたてのパンだけはフランスから届けるのは難しいので、フランス人はこのパンの焼き方をヴェトナム人に徹底的に教え、彼らはそのコツを学んだ。雑踏の道端で、籠に突きさした長いバゲットを売っている風景は今でも見られるし、お小遣いを貯めてヴェトナム小物などを買いに来る日本人（とくに若い女性）向けのガイドブックには「ヴェトナムでは美味しいフランスパンが食べられます……」と、写真入りで紹介され、今やバゲットは「ヴェトナム名物」と紹介されるようになっている。

廃棄ガスで充満するハノイの街で、車や人を避けながらバゲットを籠に突きさし売り歩く女性を見かけた人もいるだろう。

長い道草、軽い小話はここまでにして……小さい時から世界に目を向けること、これは好奇心の豊かな子供、そして大人にも貴重な場ではあるまいか？　行ったこともない遠い国の異質の文化に多少なりとも関心があれば、中年を過ぎて少し時間に余裕が出来た人にも、居ながらにして異文化への好奇心を取り戻せる場が用意されていることは救いでもある。

日本に関しては、エッフェル塔のそばに「パリ日本文化会館」があり日本文化を発信して好評である。以前、磯村尚徳氏が館長だった時期に訪れ、日本の古典芸能を鑑賞したことがある。ここで東京に住んでいたマダムたちに偶然会って、手を振って声をかけあった思い出も忘れられない。やはり数年とはいえ、住んでいた日本のことが懐かしいのだろう。時々やって来るらしい。

さて、私たちは念願のヌーヴェルの建築の内部をゆっくり見学してから外に出た。この無機質なガラスの建物を出ると、すぐ近くに小さな公園があった。正確には公園ではなく、動物の子供を飼育する「保育園」のような施設である。ここは瀟洒なパリの雰囲気など何処にも感じられない素朴な空間で木陰に作られている飼育小屋では、小さな動物たちが、普段見かけない人間が来たぞ！　と私達のことを見に網戸のそばに小走りに集まってきた。訪れる人もなく、パリの街の真ん中に、ここだけ農村の一部が残っているような妙な錯覚に陥る場所だった。

快晴の昼下がり、陽はまだ高いので、アラブのことはしばし忘れ、ここで少しゆっくりしようと中に入った。雲ひとつない青い空を見上げながら、園内に生い茂る樹々から発散される新鮮な空気を吸いたくなって、何気なく立ち寄ってみたのだが、何とまたここで忘れられない人に出逢う。

成り行き任せの旅の道中では、こんな予想もしない出逢いを与えてもらえるのだ。ウイーンの森が与えてくれた「あの時」同様、ここパリでも天上高いところから下ろされた「見えざる手」が、この小さな動物園に導き入れてくれたのかもしれない。


その人はこの施設を管理し、動物の世話をするパリ市のお役人であった。

「どこから来たの?」「日本から」

「今まで何処に行っていたの?」「近くのアラブ世界研究所」

「アラブに関心があるの?」「建築に興味があったから」

「日本人がここに来るなんて滅多にないよ」

そして、その定年も遠くないと見受けられる健康そうなお役人は、おもむろに「自分は日本文学に興味がある」のだと切り出した。

いろいろ読んでいるらしい。

タニザキ、カワバタ、ミシマ……近代文学に興味があるのだろう。

しばらくして、片言の日本語が聞こえてきた。

「日本語わかるの？」「ほんの少しだけどね」

この後、閉園の時間まで、私達は事務所の傍の木陰で、日本文学のことを話題に立ち話をした。その間訪れる人もなく、お喋りを遮るものは何一つなかった。

もうすぐ閉園の時間だし、今頃から来る人もいないことがわかっているのだろう。「勤務中」にもかかわらず、堰《せき》を切ったように自分の読書歴を話し始めるのだった。

日本の文学作品をかなり読んでいて、文化や歴史にも詳しい。

何かと質問されるが、熱が入っているせいか早口の上、内容が高度だったから、私のお粗末なフランス語聴き取り能力で、果たして満足する答えになったかどうか。

「こんなフランス語で、わかってくれたかしら？」と言うと、日焼けして健康そうな顔から白い歯をのぞかせて「よくわかった」と笑顔で相槌を打ってくれた。東洋訛りのフランス語は聞き苦しかったはずだが、自分が愛する日本文学が生まれた遠い国からやって来た人間が、何とかフランス語で説明してくれたのだからと、まずは大目に見てくれたのだろう。日本には行ったことがないが、パリでは日本文学の評判は高いと言う。日本各地を廻り作品の背景をこの目で見たいので、リタイアしたら是非日本に行こうと貯金をしているそうである。

個人的なことは何一つ聞かなかったが、これからもパリ市役所で働いて定年を迎えるつもりらしい。そして、やがて迎える定年後は、長らく心に温めてきた自分のテーマに取り組む計画だとか。

手ごたえのある「自分の人生」は、まさにその時点から始まるのであろう。

リタイア後に、どのような人生設計をしているのか、これは各人各様、違いがあるはずであるが、面白いことに最近六十五歳の定年を打ち出したマクロン大統領の方針に大いなるブーイングが起こったと聞いた。言わずもがな、この市役所の役人のような退職後の人生設計が出来ている人達からの不満で、いい加減仕事は辞めさせてくれ、年金でやりたいように過ごさせてくれ、ということらしい。日本でこんなことが言えるようになるのは、いつのことか⁇

「仕事中なのに時間をとってくれて感謝する」と言って別れを告げると、「私の好きな日本から来た日本人に会えて、今日はいい日だった！」と表情を和らげ大きな手を伸ばし固い握手をしてくれた。

お互い名前も告げず、住所も交換せず、断片的な文学談義だけが後に残った。

これを一期一会と言うのであろうか。

門まで送って来て、軽く手を振り、"Bon Voyage !!"

聞きなれた慣用句が背中に聞えてきた。

通りがかりに出逢った小さな動物園MÉNAGERIEの管理人、その人は偶然にも「無類の日本文学愛好家」を自称するパリ市役所のお役人だった。

私達も読んでいないような代表作を、ほとんど読んでいて、そのコメントもなかなか面白かった。たまたま寄り道して与えられた予期せぬ出会いは、あのウイーンの森での一瞬の夢体験のように、ここパリでも「見えざる手」が招き入れてくれたのでは？

いいえ、これも、道草をしていて、たまたま降って来た「おとぎ話」の一つだったのだ。

私達はこの日のさまざまな出来事を胸の奥深くにしまって、二日目の行程を全部終え、まだ太陽が眩しいセーヌ川沿いを歩いてホテルに帰った。

＊＊＊＊＊

二〇一九年二月六日、三年前のこの日に考えるところがあって本書を書き始めた。今日はその日からちょうど三年、二〇二二年二月六日。

年末から二ヶ月ほど時間がなく書けなかった（正確には Word に向かえなかった）が、きちんと三年後の同じ日に再始動することにした。

いま、世の中は北京冬季オリンピックで賑わっている。ジャンプで小林陵侑選手二十五歳が日本人では初めての金メダルを獲得した。北京の青い空に君が代が流れ、日の丸がはためいた。

当の小林選手は真っ白い歯をのぞかせて全身で喜びを表し、手にした金メダルを振りかざして、二十五歳の青年らしい喜びを表していた。私も思わずTV画面に向かって拍手した。

一方、五輪三連覇の金メダルを期待されていたフィギュア・スケートの羽生結弦選手二十七歳が、ショート・プログラムで、考えられないリンク氷上にあった穴が災いして大きく失点し、フリーで健闘したが二回の転倒などもあり四位に終わった。氷上整備の責任は誰が取るのか？

その件に誰も触れないのが今なお理解できない。

オリンピック三連覇の夢は消えたが、この日のために長く練習を重ねてきた四回転半のジャンプ＝クワッドアクセルは、ISUにより世界初認定され、彼の名前は長く歴史に残ることになった。数々のインタビューにも内心の悔しさを露骨に出さず、許しがたいリンクの不備を声高に訴えることもなく、いつものように礼を尽くし言葉を選んで感謝の言葉を述べていたが、その目にはうっすら涙が覆っていたように見えた。

オリンピック三連覇を果たせずに終わり、これまでの努力が報われず悔しくも無念であったであろうが、念願の四回転半を晴れのリンクで達成できた安堵感は大きかったのではないかと思う。

転倒はしたが、本番の四回転半は今迄で一番うまく飛べたと語り、自分を労っていた。この日二〇二二年二月十日は雪がちらつく、うすら寒い日であったが、日本人の多くがＴＶの前で羽生くんを応援していたと読んだ。

翌朝の『朝日新聞』一面には、試合が終わった瞬間の柔和な表情の写真が大きく掲載されていた。悔しさも無念さもなく、晴れの大舞台で演技を終了した瞬間の安堵感が全身を包んでいたのであろうか、その穏やかな表情は見る者を和ませた。

今回、その晴れ舞台にコーチを伴わず、お守りの縫いぐるみのプーさんまで持ち込みを断念させられたとか。持ち込まなかった理由を聞いて、思わず吹き出してしまった。このプーさんが、中国の現在の国家元首に似ているからなのだそうだ。あの大国はいつも自信に満ちているのに、こんな細やかなことには、こだわるらしい。

＊＊＊＊＊

終わりに、関心のある方のために建築家ヌーヴェルの作品をいくつか挙げておくと、
＊アラブ世界研究所　パリ五区　一九八七年
＊カルティエ現代美術財団　パリ十四区　一九九四年
＊電通本社ビル　東京汐留　二〇〇二年
＊ソフィア王妃芸術センター新館　マドリード　二〇〇五年
＊トーレ・アグバール（水道会社の超高層ビル地上三十二階建て）　バルセロナ　二〇〇五年
＊Tour Duo　二〇二二年秋、パリ十三区セーヌ左岸に今にも倒れそうな高層ビル二棟が姿を現した。高さは一八〇mと一二〇m。

この奇妙なツィンタリー、写真で見ると傍を通るのが怖い感じがする。いつ崩れ落ちてくるかわからないようなデザインだから。

東京にあるのは、２００２年に建てた電通本社ビルだけで内部に入ったことはないが、スペインのマドリードで訪れたソフィア王妃芸術センター新館は、採光がよく展示作品が見やすく出来ていると感心したことを思い出す。しかし、独特の雰囲気を持つバルセロナの街中にニョキッと突っ立っているグロテスクなトーレは、まるで、古い街にそこだけ異物が混入したようで、建てる場所を間違えたのではないかと好感を持てなかった。

ホテルへの帰り道、私達はセーヌ川の南側、つまりセーヌ左岸を十六区のほうへと歩いていたわけである。なお、左岸と言われる地域は五、六、七、十三、十四、十五区などで、地図で見ると、セーヌ川は右から左へと流れているので、流れと同じ方向に立つと左側が左岸、右側が右岸と呼ぶそうである。

この川岸に独特の点景を作っているのが屋外書店である。

これは数世紀にもわたってパリの景観の一部となっているので、知る人は多いはずである。

その数二二六店舗、九〇〇個の「本箱」が両岸の遊歩道に連なっており、朝、出勤してきたオーナーが自分の本箱の蓋を開けて本屋を開店するらしい。

そこには新旧の本だけではなく古い絵葉書、時には「古代」の書物、珍しい植物のポスターなど、普通の本屋では手に入らないような物が隙間なく並び、値打ちのある掘り出し物が隠れていることを知っている人たちや、お目当ての物を探しにわざわざ此処までやって来るのも、川べりに並ぶ箱の本屋に、時々とんでもない逸品が埋もれている可能性があるからだそうだ。

パリは世界中から人が集まってくる都会なので、私達のような短期間の旅行者だけではなく、両岸の店を何日もかけてお目当ての本を探し回る外国からのツワモノも少なくないらしい。

この本屋は、左岸でいえば、トゥルネル広場からヴォルテール広場までの距離で続き、右岸ではポン・マリーからルーヴル広場までの間に立ち並んでいて、なかなか壮観ではある。

私達も、その歴史的なパリ名物の屋外書店に何軒か立ち寄りながら、川に沿い十六区へと歩き続けた。光を反射している川面がいつも右手についてきて、白いバトー・ムーシュが時々音もたてずに往来しているのも見えた。

川べりに建つノートルダム大聖堂は、パリの安全を静かに見守っている守り神のようにも見えるのだった。

帰途の散歩で見た風景は、どこを切り取っても絵葉書になるような眺めであったが、この美しさは、長年にわたり、よく考えられながら一つ一つ造り上げられ、大切に護られてきた景観なのだ。今日訪れたアラブ世界研究所も決して「行き当たりばったり」で造られたものではあるまい。

この美しい佇まいの都は、長い歴史を大切に受け継いで、これから先も新たな美を加えていくに違いないなどと思いながら、セーヌ河畔を歩き続けた。


かなり長く歩いて、ニコルのアパルトマンから二〜三分の十六区のホテルに戻って来た。私たちの部屋は上階なので、道を隔てた向かい側のアパルトマン全体を一目で見下ろすことができた。どの窓にもシンプルな白いレースのカーテンがかかっており、屋根には暖炉の煙を送り出すための細い煙突が並んで夕陽を浴びていた。一軒に一本の煙突だから、そのアパルトマンの部屋数がすぐわかる、写真などでよく見た典型的なパリの風景だが、近くで見たのは初めてだった。煙突もいまだに使われており定期的に掃除されるそうである。

住宅街の一画にある古いホテルの部屋で、きょう一日の散歩の疲れを癒しながら、二人ともしばらく無言で外を眺めていた。

ニコルが予約してくれたこのホテルは、この静かな古い街の一画に、昔から営業している宿なのだそうで、すべてが昔のままのようだ。ホテル内のエレベーターも然りである。よくある螺旋階段の空間を利用して設置したもので、古いアパルトマンにも同じようなものが見られる代物である。

今日お昼を一緒にしたジャクリーヌのお宅にも、このようなエレベーターを使って最上階まで登ったことがある。

旅行会社が紹介してくれるホテルは大体近代的な設備を整えて、いわゆる「アメリカン・スタイル」と呼ばれているが、時代が逆戻りしたかのように感じるこのようなホテルは、東京でお目にかかることは、ほぼ無理なホテルといえよう。

しかし、肝心なところは細心の注意が払われていて、旅人を困らせない。

例えば、行き届いた最新の空調設備や清潔な水回りは新しい方式に改造され、滞在に何ら不自由を感じさせないよう考えられているのである。

少々歩き疲れた私達は、荷物などを部屋に置いて一休みした後、ホテルのロビーというより、どこかのお家のお茶の間のようなところに下りて行き、深々とソファに体を埋めて熱いお茶を飲んだ。

それから近くの中華料理店に出かけ夕食をすませた。

このようなホテルでは、朝食は提供するが夕食は用意されないからである。

ヨーロッパの古い街の小さなホテルは、概してこのスタイルが多く、その方針を変えようともしない。


翌日も晴れて爽やか、外出には申し分のない晴天であった。簡単な朝食を済ませ、約束していた時間にニコルの家の呼び鈴を押し、三人で彼女が連れて行きたいと計画していたところに向かった。

空は青く高く拡がり、吹く風は心地よく、梅雨のはしりで湿気を帯びた空気が充満するこの時期の東京では決して味わえない、すべてが光を浴びて輝いている朝であった。

凱旋門に近いメトロの駅まで緑の多い舗道を歩きながら、並木の奥、さらに花畑の奥に見え隠れする瀟洒なアパルトマンが、エトワール広場まで連なっているのを追いながら、おしゃべりをしたり、写真を撮ったりしながら、今、自分がパリの真ん中にいることを言い聞かせていた。

ふと見上げると、このあたりは、十七区のシャルル・ド・ゴール広場と標識に。だいぶ歩いたので、もう十七区に入っていたようだ。

ニコルの話では、歩きながら見続けてきた数々の豪華なアパルトマンは、たいてい外国人が持っていてパリに来た時にホテル替わりに使うのだとか。そう言えばバルコンで植木や花の手入れをしている人も、庭で犬の散歩をしている人も、住人とは思えない人達だ。いつ御主人様が帰ってきても美しく心地よく迎えられるように毎日働いているのだろう。

ニコルのアパルトマンは、これほど豪華ではないが、彼女たちも御夫婦で夏休みや長く休暇がとれるときに、アメリカ東部デラウエア州の家からやって来るのだから、利用の仕方はさして変わらないが、世界には私などの想像を超える贅沢な生活スタイルを楽しんでいる人たちがいるのだと、質感のある豪華なアパルトマンを見ながら歩いていた。とりわけ凱旋門に近いこのあたりの華やいだ高級住宅地には、世界中から集まって来る資産家達の、想像を超える贅を尽くした私生活が潜んでいるに違いないのだ。

パリという花の都は昔から、そういう人達で潤ってきたのだろう。

仕事柄、世界のどこかで働いて、休暇を取ってゆっくりしたいときには、迷うことなくパリで過ごしたいと考える実力のある人々が、このようなところに住まいを確保しておくのだろう。あの有名なスペイン人の歌手プラシド・ドミンゴも、世界各地に瀟洒な住まいを所有しており、その住まいを守る「奥様」も各地においでだとか。

真偽のほどはわからないが……有名なお話ではあります。

自分の住まいなら、どんなホテルより居心地がいいはずだし、各地にお帰りを待つ「奥様」がいれば、なおのことであろう。二〇一三年にイタリアのトリノにオペラを観に行った時、通りがかりのマンションの上のほうを指さして、ガイドが「あれはドミンゴのイタリアの家です」と教えてくれた。

やはり噂は本当だった!!

フランスのかつての大統領、ジャック・シラクは何と日本にも、そういうお方がおられたそうで、相撲見物と言いながら時々来日していたが、本当のお目当ては別のところにあったのだ。やれやれ!!

……このたぐいのオハナシはこれまでとする。

私達は、湿気の少ない青空のもと、曰くありげな高級アパルトマンをずっと横に見ながら地下鉄の駅に向かった。

今日は前々から申し出があったニコルの案内で、初めてのアルベール・カーン美術館に。パリの西郊ブーローニュ・ビヤンクールの広大な敷地の庭園の中にあり、十六区の彼女の住まいからさほど遠くないので、本人も何度か訪れていると聞いた。

この、アルベール・カーンの名前を知る日本人はさほど多くないと思うが、フランスはアルザスに生まれたユダヤ系フランス人で、多彩な才能に恵まれていたようだ。アルザスで少年時代を過ごしたが、一家でパリに移り、地の利を生かして、よく勉学をし、着実に富を蓄え、やがては巨額の財を成し、銀行も設立した資産家である。そんな才能の持ち主が、どうして東洋の小さな島国日本に注目し、その経済発展を信じ、日本国債まで発行し、日本との繋がりを大切にし、皇室とも交流したのであろうか。

こんなことまで知る日本人は、あまり居ないのではないか、と私は思う。

少なくともこの種の知識に乏しい私は、初めて聞いた名前であった。

アルベール・カーン（一八六〇～一九四〇）は、この広大な敷地に日本庭園を造り、鮮やかな朱塗りの欄干が緑の庭園に際立つ太鼓橋を架けた。

私達が来たら、この地には是非連れて来たいと思ってくれていたニコルの気持ちが、ここに来て初めてわかった。

ここはパリの日本庭園ではなく、日本にある日本の庭園そのものであったのだから。

日本滞在中、知識欲旺盛のニコル夫婦は当然のことながら、あちらこちら巡っていたはずで、初めて赴任した「極東」日本の文化に注目していたことは言うまでもない。当時、二人の息子たちもアメリカの大学を目指してよく勉強していたが、家族四人の日本周遊旅行は年中行事であったことは知っている。

前任地カラカス（ベネズエラ）から転勤で来た日本は、一家がやっと心おだやかに暮らせる土地であったことは間違いない。街は静かで清潔、人は親切で安全な国、まさに前任地での心や体を癒す日々であったと思う。

やがて御主人の日本での任期が終わり、勤務先の本社があるアメリカ東海岸のデラウエア州に一家で戻ることになった。ここはバイデン米大統領の故郷でもあるようだが、定年まではここで住むつもりで森のような敷地に広い家を建て平和な時間が戻ってきたのだが、海外赴任先最後の地、日本での生活体験は色濃く残り続けたようである。

しかし、何といっても、生まれ故郷パリが、彼らの脳裏から片時も遠のくことはなかったのは当然であろう。

休暇を待って、十六区のアパルトマンにやって来ると、私達を案内したようなルートで地下鉄に乗り、さほど遠くないこの緑地まで足を運んで庭歩きを楽しんだようである。この広大な緑地の中に日本庭園も組み込まれていることを知っていたからである。

美術好きのニコルなら、カーンの日本美術コレクションを見ないはずはない。「ここに来ると、いつも日本のことを懐かしく思い出した」と繰り返すのだが、恥ずかしながら、浅学な私はアルベール・カーンの名前をここパリに来て初めて知ったのである。

この人物、知れば知るほど驚くばかりで、こういう人を文字通り「慧眼《けいがん》を持つ人」と言うのだろうと唖然とするばかりであった。

目の前の日本美術コレクションのスケールの大きさには驚嘆したが、収集した時にすでに備わっていた鑑識眼の鋭さにも脱帽した。

アジアが好きだったカーンは、東南アジアの各地も巡り、昔日の貴重な記録を残している。大金持ちの単なる趣味道楽ではないことは一目瞭然で、日本やアジア諸国で質の高い美術品を収集していたことに心底恐れ入った。

私達は館内をゆっくり巡り、初めて見る日本で蒐集した貴重な品々を見て廻った。この日、館内は偶然にも私達三人だけだったようで、集中して鑑賞できたのは何よりも幸いであった。

日本の美術品は、パリでは他に前述のギメ美術館が珍しいものを所有しているが、街中にあるせいか入館者も途絶えず、ここほどのスペースもないので、全体がコンパクトに収まっている感じがする。

私はギメにも三回ほど訪れたことがあるが、日本で見たことのない品々を、ここパリで初めて見た時の不思議な驚きを忘れられない。

ギメ美術館からは毎月一回ニュースレターが届くが、子供達向けの教室や催しなども活発に開かれ、幼い時から遠い東洋の美術にも触れる機会を提供しようとする姿勢には感服している。

アルベール・カーンと日本の関わりは、ギメのそれとは違うかもしれないが、二人の業績を辿ってみると面白い発見があるのではないかと、日本に関心を抱いた二人のフランス人、ギメとカーンのことが、心の中で大写しになった。

それにしても、この広大な植物園の中に佇む美術館はまったくの別世界である。このブーローニュの森に続く緑地帯のような敷地には目障りになるようなものは一切入れず、カーンが思い描いた自然の世界が見事に結集され、且つよく護られている。ここを選んでくれた二コルの卓見に私は何度も感謝した。「きっと喜ぶと思ったのよ」ににこやかな微笑が返ってきた。

美術館を出ると、少し離れたところに温室の体裁を持つ「パルマリ」と呼ばれるガラス張りの建物があり、その屋上には広大な自然の緑地を見渡せるテラスが拡がっている。ニコルの誘いで、そのテラスのレストランでデジュネ（昼食）を摂ることになった。受付での短い会話から、すでに見晴らしの良いテラスにテーブルが予約されていることがわかった。

私達三人は広大な緑の森を眼下に眺め、太陽を浴びつつ次々と運ばれてくるお料理をいただいた。東京のこと、アメリカ東部デラウエアのこと、パリのこと等々、最後のデセール（食後）まで話が途切れることはなく、森を通ってテーブルまでやってきた風が、陽射しを浴びて並ぶお料理やそれを囲む私達を優しく撫でて通って行った。

今でも、あの日のことが鮮明によみがえり、早々と天に召されたニコルに、伝えきれないほどの懐かしさが溢れてくる。

ブーローニュの森、日本庭園、アルベール・カーン美術館……そして、ゆっくり楽しんだテラスでのお昼の食事、あの初夏の日差しを受けて、止まることを知らず話し続けていたときのことが、長い時間を超えて今でもはっきりと甦ってくる。まるで昨日のことのようだ。

もちろんこの旅行でも、分厚い写真アルバムが二冊出来上がっているが、この日の写真から、あの時の緑色に染まったような幸せな時間が森の香りと共に甦って来る。

人の一生などいつ急変するかわからない。

あの時あんなに健康そのものだったニコルに予想もしなかったことが起こってしまった。回復が望めない難病に襲われたのだ。

自分の体調を知り、最期が遠くないことを感じ、次男の住む西海岸から、長男の居る東部デラウエアに移ったのだが、以来、通信はメールに切り替えた。手紙を書くことが億劫になり、宛名を書き、切手を貼って投函する手間も敬遠してのことだったのだろう。長男家族に手間をかけないよう、彼女らしい気遣いであったのだと思う。

二〇一二年夏から病気が進行して治療の苦しさなどを書いた最後のメールまで少し体調がいい時には二、三日ごとに六通のメールが届いている。

そして後にもニコルからのメールは二〇一三年四月二十五日で終わった。それにも当時の体調と治療方法、主治医からの助言、今後の見通しなど、詳しい現状報告が書かれていて、いつものように「健康が何よりも大切」という私への言葉で締めくくってあった。

驚いたことに、これを書いている今日は、二〇二二年四月二十五日。

意図的に日にちを合わせたわけでもないのに、偶然にもニコルからの最後のメールが届いた日付と一致する。

もう九年も前のことになってしまった。

ここで、私宛ての美しいフランス語の手書きの長い手紙のことも書き添えねばならない。彼女も結婚前は仕事をしていたからか、手紙には、いつも年月日が書き添えられていたので、整理しやすかった。

手紙の束は大きな箱に入れ、今でも大切にしている。

文は人なり……本が好きだった人らしい書き方が、手紙の中にも滲み出ていて素晴らしい表現が出てくるのだ。

駐在員として日本に居る間に、自由時間のある奥方達はイケバナに傾倒することが多い。

しかし、ニコルは草月流のクラスに短期間通っただけで、自分の自由時間を満喫し、旅行と読書に傾倒していたようだ。子育てが一段落し東京で信頼できる有能なお手伝いさんが見つかり、かなり自由時間ができたニコルは、結婚後長い間、思いながらも果たせなかった長編の作品を進んで読むことにしたらしい。

先ず選んだのが、マルセル・プルースト（一八七一～一九二二）の大作『失われた時を求めて』全巻読破であった。一九一三年から書き始め最終巻『見出された時』はプルーストの死後一九二七年に出版されたそうだが、たいていのプルースト・ファンが、第一巻の『スワン家のほうへ』、或いは二巻までで、後は続かないことを知っていた。

参考までに、全七巻原文三〇〇〇頁のタイトルは次の通りである。

『スワン家のほうへ』『花咲く乙女たちのかげに』『ゲルマントのほう』『ソドムとゴモラ』『囚われの女』『消え去ったアルベルチーヌ』『見出された時』

因みに日本語版の翻訳では、仏文学者、鈴木道彦氏が手掛けた名訳があるが、四〇〇字詰め原稿用紙で一万枚になったそうである。

全巻を読破した人が珍しいこの大作を、東京で読破したときは、ニコルの表情に達成感が溢れ、自信に満ちた笑顔がしばらく消えなかったことを思い出す。

私の友人で全巻を読み通した人は他に誰もいないし、私自身も全巻読破する気力に自信がない。

このように読書好きのニコルから、ある時、私にと、オーストリアの作曲家グスタフ・マーラーの妻アルマ（一八七九〜一九六四）の人生を書いた分厚い本『アルマ・マーラー』をプレゼントされた。

多才なアルマとは大違いの私は、ただ音楽が好きで、幼い頃からピアノを弾いてきた人間という共通点があるだけである。

片や夫に負けず劣らず自らも音楽家であったアルマは、才能も生き方も性格もまるで異なり、何事にもスケールが大きく美しい人であった。

結婚をしていても数多の男性を魅了し、彼女もまた自分の魅力を最大限活かし華麗な人生を送った女性であったようだ。アルマの波乱万丈の生涯を読むと、彼女の生きた世界は、私にはただただ眩しく、華やかに映るだけだったが、ニューヨークで八十五歳の人生を閉じるまで、アルマは自分に備わっていたもの全てを出しきって生きた、と言っていいだろうし、その生き方は常に勇敢且つ優雅であったのが私には救いであった。

いつだったか、突然、ニコルに「これからも日本で住み続けるの？」と尋ねられたことがあった。その問いは真面目なもので、冗談などではなかった。

アルマの人生と大きく異なる「こぢんまりした、小ぶりの人生」を送っている私に「アジアの小さな島国で一生を送るつもりなの？」「それで満足しているの？」とでも言いたかったのか。今まで尋ねられたことのない問いかけだったので、すぐに答えなど出るはずもなかったが、どうして私にそんな事を問いかけたのか、それがパリだったか、東京だったか、とにかく一緒に歩いている時であった。深い意味はなかったのであろうが、私達は、時々、この種の「人生に対する思い入れ」について話すことが多かったのは確かである。

こういう話をするとき、何でも話しあえる友人とは、こういう人のことだろうと思った。

＊＊＊＊

何という偶然だろう!!

定期的に入るイタリアからのメールを見て驚いた。

前述の、ニコルに案内されたアルベール・カーン美術館がリニューアルされ、日本の建築家、隈《くま》研吾氏が新たに設計し、開館との話題。

まるで、この項に華を添えるかのようなタイミングの良い情報だった。

写真を見ると木材を使った目立たない建物。周囲の林の中に遠慮するかのように建っている写真が目に入った。個性的なデザインで人目を引くことが多い隈氏の作品にしては、それは地味で、目立たなく、昔から変わらない園内の自然を壊さないように、むしろ遠慮がちに設計したようである。

氏が設計した作品のなかでは、青山の根津美術館（二〇〇九年）が好きだが、ブーローニュのほうは、もっと素朴で、周囲に溶け込み、既存の空気感の邪魔をせず、抵抗なく長く親しまれる建物になるような作品である。

アルベール・カーン美術館が、しばらく休館していたことは知っていたが、その間に建てたのだろうか。「二〇二二年三月に再開予定」と報じている。

今の世の中、インターネットのお陰で、居ながらにして最新の情報が入ってくる。好奇心さえあれば、世の中のトレンドなどは簡単に掴める時代なのだ。

ひところは、国の内外を問わず、建築界の日本のエースは「丹下・黒川」だったが、お二人とも故人となり、ここ数年、隈研吾氏がヨーロッパでも注目され、世界各地に数々の話題作を残している安藤忠雄氏と共に、高い評価を得ているのは喜ばしいことである。

安藤氏も最近フランスの古い建物を美術館に一新して、内外の関心を集めている。十六世紀に建てられた円形の「パリ商品取引所」（ブルス・ドゥ・コメルス）は、フランス人施主の希望で手掛けた仕事であるが、二〇二一年五月に美しく蘇って開館した。完成後、満足げな高齢の依頼主と並んだ安藤氏は、高いドームを背に、柔らかな陽射しが入る明るい館内で、実に満足げな表情で、開館記念写真に収まっている。

病気と闘いながら成し遂げた達成感であろうか、いや、幸福感であろう。

これまで施主と並んだ写真は多いが、これが一番いい表情をしているのではなかろうか。謹んで「御同慶の至り」と申し上げたい。

＊＊＊＊

翌日も太陽が眩しい晴れた日であった‼

その日は私達二人だけでバスやメトロを使って気ままに歩く日である。「タクシーは使わないほうがいい」と、ニコルから注意されていたので、地図を片手に、学生気分で、あちらこちらと歩き回った一日であった。

月が替わり七月になっていた。ここでは湿度が低く晴天が続くが、日本は梅雨のさなかのはずである。

マイヨール美術館、ピカソ美術館、ロダン美術館、ポンピドー・センターなど盛り沢山。天候が味方してくれたからか、何のトラブルもなく予定どおり回ることが出来た。ドゥ・マゴでの食事やラ・デュレでのお茶で休憩した店は、すでに東京にもあり、おなじみの店。

昼下がり、ゆっくりと自分の時間を楽しむマダムたちのお茶のテーブルに隣り合わせて、思いかけず話の輪に加わらせてもらい……どんどん話がはずみ、御機嫌なことこの上なしであった。特に仕事を持たない中高年のマダムたちは、午前中に家事を済ませ、お昼過ぎに友人とお茶をする習慣があるようだ。みんな少々おしゃれをして、仲良し数人が楽しそうにテーブルを囲んでお喋りをしている光景をよく見かけた。

ところが、お金のない若い娘たちは、こういう場所には入ってこない。

第一お財布が許さないし、身分不相応な場所だと思っているからであろう。

一方、子供たちが大きくなり、忙しい日々から解放された中高年のマダムたちが、昔からパリで大きな存在感を持っていることは、前々から感じていた。

女性としての様々な義務をほぼ果たしたという精神的な充足感と達成感が彼女たちの心に自信を生み出し、おしゃれも本格的になってくるのは自然の成り行きだろう。

そういえば、買い物をしても、食事の注文をしても、挨拶をしても、応対してくる店の人が「マダム」と最後に付け加えてくれる響きは、決して悪いものではなかった。

午後、街を彩るマダムたちは、ある程度生活に余裕のある人たちであろうし、実はこういうブルジョアジーが成熟したパリの文化を引っ張っているのかもしれない。世界的に名を知られたバッグなども、フランスでは貧弱な服を着た小娘が持っているのを見たことがないが、マダムたちが仕立ての良い服に合わせて、何気なく手にしているのは度々見かけた。

マダムの装いは御亭主の稼ぎを反映していることもあり、御亭主のほうにも、奥方の装いには或る程度の思い入れがあるのは容易に理解できる。

嬉しいことに、滞在中、夕方から始まる教会でのコンサートにも出かける機会があった。これはニコル夫妻の情報から誘われたもので、私達四人は、まだ明るい夕方、四区のサン・メリ教会に向かった。

土曜の夜は、ソプラノ Maria LOIDL さんの演奏会。ピアノ伴奏は Patrick という男性。翌日曜日のマチネーでは、日本人ヴァイオリニスト Miyo UMEZU さんが無伴奏で、バッハの「パルティータ3番」などを演奏した。

こういう教会でのコンサートは週末の土日に行われ、しかも入場無料なのだが、私たちは御礼の意味も込めて、二回とも献金箱に心ばかりのお金を入れて教会を出た。この年二〇〇〇年、欧州は一九九九年一月一日からユーロに変換していたので新しいユーロ・コインを数枚。

教会でのコンサートは東京でも度々聴いているが、ここ、パリ四区のサン・メリ教会はとりわけ天井が高く、音響効果に優れているようだ。

塔の一番上まで、ステンドグラスを辿って、音が伸びていくのが見えるようで、ソプラノの潤いのある響きも、無伴奏のヴァイオリンが奏でる甘い旋律も、いかにも「神様への捧げもの」にふさわしかった。

私達四人は比較的前の席で聴いていたので、日本人が来ているとわかったのだろう。すべての演奏が終わってから、この日本人ヴァイオリニストは、親しみを込めてこちらに向かって会釈してくれた。

言葉は交わさなかったが、改めて特別の拍手を彼女に送った。

パリに勉強に来ていたこのヴァイオリニストは、今どこで活躍しているのだろうか。旅先で、UMEZU さんのように活躍している日本人に会うのは、一味違う楽しみであり悦びである。

七月二日、パリ滞在最終日。

この日は今回のパリ滞在のフィナーレの一日で、朝から夜遅くまで忙しかった。今度こそ実現したいと思っていたのが「コメディー・フランセーズ」観劇であった。世界で一番「美しく正統派のフランス語」が聴けると言われるこのお芝居は、フランス語学習者には垂涎もの。演《だ》しものは、モリエールの「女の学校」（或いは「女房学校」）、二十時三十分開演。

この機を外したら、もう一生観ることは出来ないかもしれない、しかも、私にとってはフランス語の理解力を遥かに上回る高度なお芝居である。フランス語は、大学の教養課程の第二外国語として始めたので、ずいぶん昔のことだが、言語の美しさのみならずフランスの歴史や文化、政治や外交の分野にまで興味が拡がり、半世紀以上も触れ続けた外国語である。

英語は中学一年からだから、少しは長い修行歴かもしれないが、長じて仕事にもなったので、取り組み方はいささか異なっていた。その二つの言語を行き来して五十年余り、理解力は貧弱でも、それなりに面白い違いなどが見えてくると、興味は深まるばかりであった。

いつかはパリの本拠地の伝統ある館《やかた》で、この美しい言語のお手本を聴きながらお芝居を観たいものだと憧れて何十年……。いよいよ、今夜、もう二度とは訪れないであろう特別の時間が迫っていた。

フランスのお芝居は夕食をゆっくり済ませてから、劇場に入るように仕組まれていて、この日、私達も、すぐ近くの「オテル・ドゥ・ルーヴル」のレストランを予約した。向かい側に建つコメディ・フランセーズの建物を窓越しに眺められる良い席に案内され、通りを行き交う人々もガラス越しに眺められる席だった。

この時間、家庭では夕食の時間で道行く人に子供やマダムの姿はなかった。

この季節、パリでは陽射しが高く、夕方になっても昼間のように明るく、夜九時を過ぎる頃からやっと夕闇が迫るので一日がまことに長い。

今回の滞在中、何はともあれ毎日晴天に恵まれたのは幸いだった。変わりやすい天候だと聞いていたパリの空だが、快晴が続き、盛り沢山の計画を見事に実行させてくれた。

光を受けた樹々が輝く初夏の街を、気持ちの赴くままにゆっくりと散歩を愉しめたのも、日暮れが遅いこの季節のお蔭である。毎日よく歩き、美しいもの、珍しいものを見て、この上もなく幸せな日々であったと思っている。

しかし、ここパリも、秋になると事情は一変する。午後四時前後から夕闇が迫り長い夜が始まるのだ。夜明けも遅く日が当たる時間は冬が近づくにつれて短くなっていく。

明日は飛行機で帰国なので、忘れかけていた日本のことが急に気になり、パリ最後の夕食は至って現実的な話題に終始した。

日本に帰れば梅雨時の重たい雨雲が垂れ込み、機内から降り立った瞬間から湿気を含んだ大気がまつわりついてくるのは何回も経験済みである。

手荷物に折り畳み傘を入れておかねば等々、私達は上等のお芝居を観る前にふさわしいとは言えない至って現実的なことを話し合いながら、パリ最後の夕食を味わった。

いい時間になったので、道を挟んで向かい側の、歩いて五分もかからない劇場に。歴代の名優の肖像画が掛けられている通路を歩き、いよいよ会場に入った。廊下も会場も、照明はクラシックなシャンデリア風の電灯が壁に取り付けてあるだけで、決して明るく華やいでいるとは言えない。

オペラ・ガルニエの内部に較べると、至って質素である。そして薄暗い。

座席は一人掛けの椅子がきちんと並べられて、ステージの演技が見やすいように配列されているが、驚いたことに、ここでもオペラ・ガルニエ同様えんじ色のビロード布張りの「背もたれ付きの椅子」が置かれていたのである。

以前、ドイツはバイロイト音楽祭・歌劇場でワーグナーの歌劇を観た時に座らされた「木製のベンチ」を一瞬苦々しく思い出した。あのとき、正装した蝶ネクタイの紳士たちが、夫人をエスコートしながら、片手にお座布団を抱えていたのだった。

言うまでもなく、長いオペラに備えて御自分の腰を守るために!!


定刻通り夜八時半、モリエールの「女の学校」が始まった。会場は満席ではなかったが、良い席は殆ど埋まっていた。私たちに与えられた勿体ないような上等な席からは、俳優達が時折見せる微妙な表情まではっきり見え、マイクを使わずに飛び交う言葉のやりとり、時々息遣いまでもが、はっきりと聞えた。

「これぞ正統派フランス語!!」と録音でもしたくなるセリフが開演直後から矢つぎ早に響いてきた。初めて生《なま》で聴いた微妙な発音や抑揚を、少しでも耳に叩き込んで帰りたい、モリエールの時代に忠実な時代考証をした衣装をまとった役者たちが話すフランス語と演技の世界にどんどん引き込まれていった。

昔、フランス語に打ち込んで以来、いつも遠い彼方に高く聳えていた美しい言葉の数々が、今、すぐ目の前で名優達によって演じられているのだ。

長い時間を待って、やっと実現したこの劇場で見るお芝居である。

「どうぞ終わらないように」「時間よ、止まれ」と願いながら釘づけになっていた。長時間のお芝居は、立ち上がった観客の温かく長い拍手で、深夜近くに幕が下りた。私たちも立ち上がり、万感の思いを込めて賞讃の拍手を送った。

ちなみに、この劇場は一六八〇年にルイ十四世の命により着工し、一七九九年に開館、「王立の劇団」として誇り高き公演を今日まで続けているが、現在は「国立の劇団」として維持され「テアトル・フランセ」とも呼ぶのだそうだが、人々は親しみと誇りをこめて「コメディ・フランセーズ」と呼び続けているのだとか。

開館して二〇〇年という劇場の長い歴史の中の、この日、二〇〇〇年七月二日、遠い極東の日本から来た私達は、幸いにも長年の夢が叶い、劇団の誕生から大切に受け継がれてきた劇場で、最高級のフランス語を聴き、お芝居を鑑賞することができたのだった。満足感と達成感に満たされ、私は幸せだった。

長い歴史に裏打ちされた言葉の妙に、格別の憧れを抱きつつ学んできたフランス語、その頂点に輝く古典劇を、幸いにも帰国前夜に観劇できた幸せを何度も噛みしめながら、私達はすっぽりと暗くなった外に出た。

これ以上意味深く心に残る夜は、そうあるものではないだろうと満足感に浸りつつ外を見ると、何と、この時間、すでに深夜なのに、けたたましくクラクションを鳴らした若者たちが車に乗って意気揚々と道路を占領して国歌を歌っているのだ。

劇場近くの目抜き通りは人、人、人で溢れかえっている。お芝居の余韻を味わうことなどできるわけがない騒然たる人の群れが途切れることなく続き、しかも彼らは意気揚々とフランス国歌を歌い続けているのだ。いったい何が起こったのか、モリエールのお芝居の世界から出て来た者には想像もつかない人々の得意げな顔が連なり、街の騒ぎが夜空にこだましていた。かき分けて歩くことが難しいほど、大群衆の波はどこまでも続いていた。

一体何が起きたのだろうか。

パリは最後の最後に予想もしなかった顔を突きつけてきた。

しかも大切に考えていた最後の夜に。

何が何やらわからないまま、若者たちの表情から、たぶん嬉しい大騒ぎではないかとは思ったが、押し寄せる人の波を抜け出ることは、とても無理だと思っていた、まさにその時、神様のお助けだろうか！

すぐ前をタクシーが通りかかった‼　しかも客は乗っていなかった‼

とにかく、この人波から脱出しなければと「十六区の方へ」とドライバーに頼んで夢中で乗り込んだ。

ドライバーは例の「ウ～フラ」を繰り返していたが、客が見つかったせいか、機嫌よく話はじめた。私たちはとにかくお祭り騒ぎの大群衆を避けてホテルに戻ればいいので、深夜の賑やかな街を抜けるまでドフイバーの機嫌を損ねないよう話し続けていた。

四十万人が繰り出したと報じられたシャンゼリゼ大通りは車が走れる状態ではなく、裏道を通って何とかホテルまで辿り着くことができたが、道中、ドライバーによると、その夜、ロッテルダムで行われたサッカー欧州選手権で、試合終了直前に逆転勝ちで優勝したフランスに狂喜しての大騒ぎだったらしい。

当時のシラク大統領、ジョスパン首相も、ロッテルダムまで観戦に行っており、大変な喜びようだったそうだ。

私たちをホテルの前まで無事運んで来てくれたドライバーにチップを加えて料金を払い、"Merci, Monsieur, Bonne nuit !!" と握手し、手を振って見送った。

この夜の写真や報道は、翌日、日本の空港で買った新聞に大きく取り上げられており、昨夜、勝利に熱狂したフランス人たちが、シャンゼリゼ大通りを埋め尽くした様子も、上空から撮った写真で見ることが出来た。

これでは私たちが乗った車など通れるはずがなかったことは一目瞭然である。


今回のパリ旅行は、予想もしなかったと言うより、そんな試合がある事さえ知らなかったサッカー EURO 2000 決勝戦で、フランスが試合終了直前に優勝を勝ち取ったというドラマティックなオマケ付きで、にぎやかに最後の幕を下ろすことになったのだった!!

最後の夜に、パリ市民たちの歓喜のフィナーレが街中にこだますするなんて、偶然とはいえ出来過ぎの演出ではないか!!

長い時間が過ぎた今でさえ、書いていて興奮する。

＊＊＊＊＊

あれから長い時間が過ぎ、いま、二〇二二年七月、コロナは三年間も日本に居座り続け、第六波から第七波にまで入ろうとして、誰もが或る種の閉塞感に覆われているとき、予想もしない衝撃的な事件が起きた。

国民は事の重大さに愕然とし言葉を失った。時間が経つにつれ、事件の背後から膿《うみ》が出始め、暗くおぞましい事実を知らされた。


七月八日、午前十一時三十一分、奈良、近鉄大和西大寺駅前で参院選挙応援演説に駆けつけた安倍晋三元首相が、四十一歳の男に背後から銃撃され、午後五時三分、地元の病院で逝去した。享年六十七歳。

素人でもすぐわかる後方警備の欠落が悔しい。何という落ち度であろう。

誰が考えてもわかる初歩的な警護ミスで、取り返しのつかない悲劇が起こったことに、現地の警備担当者は一体どんな責任を取るのだろうか。

この日、私はヨガの日で、正午過ぎに終わってからスマホ・チェックをした時、ちょうど三十分前に起きたこの事件のことで画面は埋まり、事件直後だったので、詳細は何も報じられず、ただ「襲撃された」と、大きな文字だけがいくつも並んでいるだけで、誰が、どうして、何のために、など知る由もなかった。

時間と共に少しずつ事件の詳細が明らかにされていき、帰宅してから、TVで、亡くなる数分前に東京から駆けつけた昭恵夫人に見守られ、逝去されたことを知った。突然降って湧いたような、信じられない現実に、どんなに慟哭されたことか、想像するだけでも目頭が熱くなる。

あの静かな古都奈良の地で、想像すらしたこともない事件が起きたことに、国民は一様に大きく動揺した。日本はもとより世界各地から哀悼の言葉が次々と寄せられ、国連本部でもあまり例のない黙祷が捧げられたのも異例のことだったそうだ。

九月二十七日、日本武道館で、国葬が行われると決まった。

天皇・皇后以外では吉田茂元宰相以来、戦後二人目の国葬だそうである。

一国民として御冥福をお祈りするのみである。

訃報は続く。七月十三日の『朝日新聞』によると、大学院のゼミでお世話になった武者小路公秀先生の御逝去の報にも接した。先生は五月二十三日に九十二歳で逝去されたそうで、かなり遅い報道ではあったが、昔、小論文を読んでいただくため拙稿を提出すると、「読ませていただきます」と一介の学生に紳士的な態度で応じて下さったことが先ず頭を過った。外交官の父上のもと海外生活が長い先生だったが、国際関係論を専攻していた私には、先生御自身がお手本だったように思う。

当時は、評論家の加藤周一先生、文部大臣もなさった永井道雄先生も講座をもっておられ、いわゆる「大学教授のゼミ」とは趣の異なる内容が忘れられない。今となっては、天に召されたこの三人の先生方を静かに偲ぶことだけが許される元学生である。

明るいニュースとして、五月十六日には、フランスに三十年ぶりに女性首相が誕生した。初代は一九九一年からほぼ一年間首相を務めたクレッソン女史。

今度のエリザベット・ボルヌ新首相は、女性では二人目である。二期目のマクロン大統領が自ら選んだ才媛だと報じられている。就任の挨拶で「すべての女の子たちが、どこまでも夢を追いかけるように」と述べた。新首相としての施政方針演説と思いきや、おばあちゃんが幼い女の子のお孫ちゃん達に言い聞かせているようで微笑ましかった。地味だが聡明な女性だと私は思う。

この学者肌の新首相が、どのように政治の舵取りをしていくか、若きマクロンをどのように助けていくのか、この人選が成功するのかどうか……興味は尽きない。

面白いことに、彼女はたいてい膝上のミニスカートをはき、全体的に明るい色調の服装で登場する。このあたり、マクロン夫人と服装の好みが似ているのは何故？　白髪でショートカット、ミニスカート愛用の女性宰相が、どんな政治手腕を発揮するのか、遠いところから注目している一人である。そして新首相がどんなフランス語を話すのか、聴いてみたいところである。


二〇二二年八月二日深夜、アメリカの共和党の実力者ナンシー・ペロシ下院議長が、長い空の旅を終え、淡いピンクのパンツ・スーツ姿で深夜の台湾に降り立った。八十二歳だとか。家庭では大勢のお孫さんもいるようだ。

年齢を重ねても、なお国のために働いている元気で優雅な女性たちは、「もう年だから」などと言って、引っ込み思案になっている人々を折にふれ勇気づけてくれる存在である。

この訪問が果たしてアメリカにとって吉と出るか凶と出るか？

タラップの上り下りも一人では少々おぼつかないようでもあったが、年齢と共に避けられない体力のハンデを抱えながらも、短期間でアジア数ヶ国を飛び歩いた気力と勇気は、目的の如何を問わず一目に値する。

再び訃報を聞いた……。

八月五日、世界的なデザイナー三宅一生が八十四歳で亡くなった。

広島で生まれ、八月六日投下の朝は、教室の窓から原爆の閃光を見ていたそうだ。母は原爆症で彼が小学三年生の時に亡くなったそうだが、日本ではこの件は報じられなかったものの、本人は米紙には寄稿しているそうである。

奇しくも七十七回目の広島原爆忌の前日に、病が癒えぬまま旅立った。

作品の芸術性と人柄の良さから、長く活躍したフランスでも、ニューヨークでも、その死は惜しまれている。在日フランス大使館のニュースレターは、特別枠で哀悼の記事を載せた。

高田賢三のように、パリに生活の拠点を移し、収集した美術品に囲まれて暮らした豪華なアパルトマンで、人知れず亡くなった人もいるが、あくまでも日本を活動の拠点に置いて活躍したイッセイさんの姿勢は、人々の共感を呼んでいる。日本の伝統的な色合いや織り方などを新しい感覚のデザインの服に取り入れているのも単なる遊び心ではなさそうだ。

時代を画する新しい感覚の服が生まれるまでの地道な準備の過程を知れば、手持ちのイッセイ・ブランドの服は簡単に処分できない。

海外にオペラを観に行くときは必ずイッセイのロング・スカートをぐるぐる巻いてスーツ・ケースの片隅に押し込んで行ったものである。ブラウスやジャケットも同じ新素材のプリーツ仕立てのおかげで、お行儀よくスーツ・ケースに収まり荷造りに手間取らないすぐれものである。

こんな心浮き立つ準備をして、飛び立つ日は一体いつ訪れるのだろうか。

巷を席捲し終わりが見えない感染症のせいで、いろんな楽しみもお預けになっている今、イッセイ・ミヤケの服を携えて海外に旅行するなんて想像すら出来ない日々が続いている。

そして一週間後八月十一日にデザイナー森英恵さんが自宅で亡くなったと報じられた。九十六歳だったとか。コロナの感染を恐れて、自宅の仕事場で亡くなる三日前まで仕事をしていたそうだが、長く住んだ青山一丁目に近い邸宅で静かに人生を閉じたと報じられた。以前、お宅の前をよく通ったものだが、丹下健三氏が設計した白い家は、いつもよく手入れされており、白い壁や塀に一点の汚れも見たことがなかった。

昔、御本人の母校、東京女子大の五月の園遊会にモデルを率いて登場し、華麗なファッションを芝生の舞台で披露して下さったことがあった。その時のモデルの一人が今や小澤征爾夫人の入江美樹さんだった。当日は五月晴れの爽やかな日で、芝生で覆われた野外ステージで繰り広げられた美しくエレガントな衣装が、芝生の緑によく映えていたことを懐かしく思い出す。

今、この場所には大きな研究棟が建てられ、当時の面影は何処にもない。

仕事で忙しい御本人が欲していた生地であろうか、長い時間をかけて開発した「バンロン」と呼ばれていたアイロンの要らない素材を使った柔らかい生地の洋服を、当時私も愛用していた。夕方からの会合に着替えて出られるよう、このバンロンの服をバッグに忍ばせて出かけていたものだ。

時代を読み、生地の開発と着やすさの工夫を重ねてきた、この二人のデザイナーの洋服は、美しさのみならず、女性の社会進出という時代の流れも見逃していなかったことを讃えたい。

そして最後に再びニコルへのオマージュ……。

本書の最後の章パリ旅行は、彼女のおかげで出来たようなものである。

彼女は二〇一三年四月二十五日に私に宛てた、次男が住むカリフォルニアからのメールを最後に、天に召された。あの晴れたパリの日々から十三年後のことであった。

中にはしみじみと人生を振り返る内容の手紙を貰ったこともあったが、たえず近況を報告しあい励まし合い、必ず“A bientôt”で締めくくっていた。

東部デラウエア州の長男の家に移る直前のメールには、自分の体調のこと、次々に顕れて来る自覚症状が細かく綴られ、私への大切な言葉も添えられていた。広い北米大陸を次男に付き添われチャーター機で東部に移ったが、その後はコンピューターに向かう気力も失せて行ったのだろう、息子にも止められたのであろう、私へのメールは一通も届かなかった。

“Trés amicalement”いつも終わりに書き添えてあった言葉も、この四月のメールで最後となった。カリフォルニアに居た時、病を押してＰＣに向かい、送ってくれた他の数通のメールは、いまだに私の受信箱の中にあり、懐かしくなると読み返している。

筆跡があるわけでなく、画面に浮かび上がってくる無機質な形で綴られた言葉は、確かに手書きの手紙には及ばないかもしれないが、書き手の気持ちは充分伝わってくるので、これからも保存箱の中に仕舞っておくつもりである。

思えば、この二〇〇〇年のパリ旅行を勧めてくれたときのニコルは健康そのもので、病の兆しすらなかった。夫とともに切り拓いてきた「人生からの贈りもの」を受け取る時代であったのだろう。幸せそのものであった。

二人の息子たちもアメリカの難関大学を出て、それぞれ希望の仕事に就き、家庭をつくり子供にも恵まれ充実していた。かわいい孫たちと一緒に写真を撮ってよく送ってくれたが、これこそ絵に描いたような成功物語だと、私はいつも幸せを分けてもらっていたのだった。かくも麗しき人生が、何かの間違いで、或る日突然、行き先を閉ざされてしまうことがあるとは。

東部のデラウエア州に移ってからは、メールも不通になり、長男宅の住所も電話番号も知らず、何の音信もなくなった。

怖いような沈黙の日々が続き、出来ることと言えば、ひたすら回復を祈ることのみであったところに、息子の一人から母の死を告げる手紙が届いたのだった。東海岸に移り、音信不通になってから、さほど時間がたっていない日のことだった。

もう自分の命の終焉を覚悟していたのだろう。長く患った病を受け入れ存命治療などは希望しなかったのだとか。息子たち家族に見守られ、天国の夫のもとに旅立った、と手紙にあった。

天国に召されたニコルを偲んで、しばらくの間、私の部屋にはフォーレの「レクイエム」が途切れることはなかった。

あとがき

「第22章　パリ　万感の思いをこめて」では、個人的な思い出が止めどもなく込み上げてきて、幾分感傷的になり、旅そのものというより、亡き友人への心情の吐露が大半を占めてしまう結果になった。言うまでもなく本書は、旅の案内書ではないので、ここは大目に見ていただきたい。

最終章二〇〇〇年のパリ旅行以降も、幸いにして毎年のように数々の旅行をすることが出来た。しかし、毎年、英気を養ってもらっていた海外への旅も、ここ三年間足止め状態である。二〇一九年の春、中国から日本に侵入した「コロナ」と呼ばれる感染力の強い伝染病が日本中に蔓延し、二〇二二年春になっても収まらず、ウイルスの新種が次々に現れて油断できない状態が続いている。三年目になり、少しずつ回復しているとはいえ、飛行場の海外旅行カウンターは閉鎖されている所が少なくない。日常の生活の歯車が大きく狂ってしまい、旅行どころか仕事で海外に行かねばならない人達も迷惑を被っている状態が続いている。

幸いにも二〇二二年夏には大手旅行会社が「やっと行けるようになりました」と安心安全

をモットーにした旅の商品を売り始め、海外からの旅行客も少しずつ増え、閑古鳥が鳴いていた観光地にも客が戻り始めたようではあるが、旅行の緩和政策は感染者数の推移で今も流動的である。

一方、ウイルスもしたたかで、生き延びるために変異を繰り返し、あの手この手で人間に入り込んでくるようだ。最近では「コロナ」という呼び名から新しいウイルスの「変異株」で感染した患者数を報道するようになった。

私のような高齢者はお蔭様で五回目のワクチン接種も済み、外出時のマスク着用と手洗いを励行していれば、何とか凌いでいけそうではあるが、油断はできない。

人と出来るだけ会わないようにという掛け声は、最近あまり聞かなくなったが、毎日決まった時間に感染者数が報告され、全国放送で日本中に知れわたる。その数字の高低で一喜一憂しているうちに、次第に心身ともに臆病になり、気持ちが内向きになっていくのは自分でもよくわかった。

出来るだけ出かけないようにと都知事からの再三の呼びかけを人々はよく守った。近くのJRの駅で改札に向かおうとすると、目の前に、急ぐ用事でなければ家にいなさい、との垂れ幕がかかっていて苦笑させられた時期があった。今はもうその垂れ幕も片づけられたようだが。

政府の方針を忠実に守って暮らせば暮らすほど、心身の疲弊が、やんわりと、しかも重く覆いかぶさってきたのは明らかであった。「こんな時もあったのだ」と笑い話になる日はいつのことだろう?

定期的に健康診断に通っているドクターに、足が弱くなってきていると話すと「何か用事を作って出かけなさい」とのこと。これは、内に籠もってばかりの生活の、心身へのマイナスの影響を指摘されての簡単な解決法なのであろう。とにかく歩くことがどんなに必要なことか、頭脳の活性化も含めて改めて認識した時期であった。

こんなときに、わざわざ健康管理体制が日本以上に不透明な外国に旅行しようとする気持ちなどが湧くはずもなく、ひっそりと自宅や自宅周辺、あるいは日本国内で過ごす方が安全安心と考える人は多く、海外への旅、クルーズの旅を、あの手この手で誘ってくる色彩鮮やかなパンフレットが、このところ急に届き始めるようになっても、すっかり疲弊した心を揺り動かすほどの力にはなっていない。異文化に触れたい気持ちは溢れるほどあっても、内外の空港で検査を強制される面倒な旅を考えると「待ってました!!」と、食指が動かないのだ。

しかし、世の中が少しずつ前向きに、少しずつ明るくなってきた兆しがあることは感じられるので、ほぼ三年も続いた閉塞感から、国全体が脱しつつあることは確かなようだ。

幼い子供たちが可愛いマスクをして嬉々として遊んでいる姿も、いつか微笑ましい風景として時代の記録になるであろう。

以前、日常茶飯事のようだった親しい友人達との賑やかなランチのおしゃべりも、定例の会食の楽しみも、めっきり少なくなってしまっているが、このような縮み思考も、少しずつではあるが緩和されてきているのも事実である。

大学の先輩達が昔始めた二ヶ月に一度の赤坂アーク・ヒルズでの昼食会も再開しているし、他の二つの所属団体の会合も Zoom から対面集会形式に戻りつつある。

この三年近い年月、律儀な日本人は政府の呼びかけをよく守り、よく我慢して来た。感染状況から判断して、周囲の状況によってはマスクを外しても良いと公的な機関から指示されても、今なお九十九%の人々は何処に行ってもきちんとマスクを着用している。日本人に備わっている法の遵守と良識の高さは、いつものことながら抜群で、世界から注目されるのも不思議ではない。

最近、私は、海外への旅行は、もう出来ないのではないかと考えるようになった。三年たっても巷に居座るしつこい感染症ゆえに施される国内外での多くの規制が、煩わしく感じられるからである。

しかし、規制は当分続けられるであろうし、政府が国民の健康を守り、これからも手を抜くことがないよう切望するからでもある。

それにしても、このしつこいウイルスの絶滅は期待できるのであろうか。

気楽に安全に何処にでも出かけていた時代は、いつになったら戻って来るのであろうか。海外との自由な往来の再開に向けて、人々の期待が大きいことは言うまでもないのに。


この閉塞感に覆われた三年間、私は国内の史跡などを少し巡っていた。

その一番の理由が、この時期こそ、騒々しくマナーに問題のある外国人団体客に占拠されない好期だと思ったからだ。その予想は的中した。

日本の古い都を、おかげさまで静かに歩くと、外国では味わえない心の落ち着きが甦り、まさに癒しの旅になったのであった。訪れたところには、歴史や文学に登場する日本のルーツが「そこかしこ」にあり、その森閑としている空間には、清浄な空気が立ち込めていた。

木の香りを胸いっぱいに吸っていると、荒れかけていた心は鎮まり、気分はすっかり前向きになった。

秋、紅葉を見たいと京都に出かけた時のこと。この日はちょうど私の誕生日で、この時期の古都散策は願ってもないことと、張り切ってホテルに入り、部屋のTVをつけると、「先ほど瀬戸内寂聴さんがお亡くなりになった」との報道。

数え年一〇〇歳とか。京都に着いた直後に訃報を聞くとは考えてもいなかった。

二〇二一年十一月九日、この年の自分の誕生日は、奇しくも大先輩の命日と重なってしまったのだ。しかも息を引き取られた京都に来て訃報を聞くとは。

寂聴さんは、東京女子大在学中に結婚、その後、知る人ぞ知る波乱万丈の人生を一世紀にわたって生きた「元気な女性」と申せよう。

五十代で仏門に入り、京都は右京区嵯峨野に寂庵を造り、以後その地から、日本各地に出向いて仏門の勤めを続け、訪れる大勢の人々に説法も続けた。

丸顔で愛嬌の良い寂聴さんは、いつも飾らない言葉で、悩みを抱えて訪れた人々に語りかけ、大勢の人で埋まった会場を明るくしていた。自然体で分かりやすい言葉で話しかけるので、その気取らない姿に親しみを感じていた人も多いであろう。説教を聞いて皆が泣き、笑う光景はいつものことであった。

そして半世紀近く、この庵から多くの作品を世に出した。私は今、寂聴さんが八十五歳で書きあげた世阿弥の生涯を描いた大作『秘花』を読み始めている。この本を書くために佐渡に渡り、数ヶ月間、島に滞在したそうだが、一つの作品に注ぐ情熱は一〇〇歳近くになっても人後に落ちなかった。

ちなみに『秘花』の装丁は長年の友人、横尾忠則氏が題字を含めカバーデザインを手掛けたことでも話題になった。

私も若い頃からよくお能を観てきたが、世阿弥（一三六三〜一四四三）はまことに数奇な運命を生きた人であったのだ。その生涯の最後の時間を過ごした日本海に浮かぶ小さな佐渡島は、周知のように順徳天皇、日蓮などの流刑の地であり、世阿弥も同じ運命を辿って果てた地である。

世阿弥といえば、能の作品のみならず「秘すれば花なり。秘せずは花なるべからず」として知られる著作『風姿花伝』は、文学価値が高い芸術論として知られている。

この孤島に、作家自らが数ヶ月間逗留し、際立った才能ゆえに辿った世阿弥の波乱の生涯をどのように掘り起こしていくのか、楽しみにしている読み物である。

寂聴さんは、ご自身が仏門に入っていて高齢の身であることなど気にもせず、社会問題にも必ず発言を忘れなかったし、頭を丸め、僧衣を纏った小柄な身ながらも、政治集会などに集まっている大勢の人の中を車椅子で分け入り、人々の前で自分の考えを堂々と発言したことがあったが、その姿は常に圧巻であった。

私は、この京都旅行で、昔訪れたことのある寂光院を、もう一度訪れたいと考えていた。ここは、大原の、さらに人里離れたところにひっそりと隠れるように佇んでいる「隠れ家」のような尼寺であるが、その建立の歴史にも惹かれていたのだ。

階段を登り山門を入ると、二〇〇〇年の放火で焼け落ちた本堂も、すっかり立ち直り、先ほどお参りした三千院とは違う閑素な空気が流れていた。山懐に昔のままに佇む本堂と周りに点在する紅葉が美しく、華やかさはないが、心に染み込む山門からの眺めに暫し足を止めた。

どうして、建礼門院は都から遠く離れたこの里に隠棲したのだろうか。

史実によれば、平清盛の娘、建礼門院徳子は高倉天皇の中宮であり、安徳天皇の母でもあったが、平家滅亡後は、この大原・草生町の天台宗の寺に、ひとり身を寄せ、終生ここで隠遁生活を送る決意をしたとある。雅な京都の街から遠く離れた大原は、昔から念仏行者の修行の地であり、貴人の隠棲の地でもあったそうだ。

イギリス貴族の末裔だと報じられているベニシアさんも、生まれ育った古い城を出て、大原に辿り着き、古い民家に手を入れながら、老境を迎えるまでこの山里を愛し、この地で得られた「山の幸」を慈しみつつ長く住み続けてきた……等々はＮＨＫの番組でよく知られているが、この日は、京都市内とは全く別世界の、鄙びた田舎の風景のなかを、地元の運転手さんの丁寧な説明を聞きながら巡った（京都市左京区）大原の一日であった。

寂光院の門前に昔から店を構える柴漬け屋さんで買ったお土産が、少し冷えたまま私の横で車に揺られていたが、これは、その昔、寂光院で隠棲していた建礼門院が、周辺でよく育っている紫蘇を塩漬けしたらどうかと助言を与えたのが始まりだそうで、それを受けて農家の人たちが作り始め、今に続く、という長い歴史をあるのだそうだ。赤紫蘇の自然色がなんとも美しい柴漬けを、ここ以外では手に入らないと聞いたので、お土産に買ったのである。

このお味が私は好きで、先日また懐かしくなって寂光院前のお店に電話して取り寄せた。訪れた時、笑顔で迎えてくれた店主けいこさんが、懐かしい声で電話口に出てきた。尋ねると、相変わらず京大の学生さんのアルバイトが多いそうである。けいこさん曰く「うちの夕食がお目当てなのよ!!」とか。

アルバイトに来ていた学生さん達は今や偉い学者さんになっているが、大原巡りに来ると、必ずうちに寄ってくれるのだと、お店で嬉しそうに目を細めて話してくれたのを思い出しながら、しばし電話でお喋りした。

数えてみると、この柴漬け、八〇〇年近く続いているのではないだろうか。

ここ京都では、お漬物一つにも長い歴史が刻まれているのが嬉しい。

次回は、どんな物語を聞くことが出来るであろうか。

一生かけても巡り切れない京都である。


早くも今年で三年目に入った感染症のせいで、行動半径は依然として限られているが、愛用のコンピューターのおかげで、世界で起きた出来事が数分後には目の前で見られる恩恵を相変わらず享受し続けている。しかも居ながらにして時間を選ばず、とくに外出自粛期間などには、手元の「窓」をよく開けて様々な情報をキャッチすれば、外の世界と簡単に繋がりが持てることに、ちょっとした救いを感じていたものだ。

長く属している団体の毎月の情報も定期的に入り、月例会などもランチョンではなく

Zoomで行われ、ゲストのお話もすべて居ながらにして聴けるよう配慮された。申すまでもなくコロナ対策である。

Zoomのお蔭で、今では長く日本に住んでいた海外の会員ともＰＣ画面で会えるので、手を振って声を掛け合うことができるのだ。入会した五十年前には想像すらしなかったが、コンピューターの機能が進んだお陰で、世界はどんどん狭くなっていることを今回も認めざるを得なかった。

このようにパソコンのおかげで、今回の長きにわたる閉塞感からも或る程度は解放され、内向きになりつつある心の扉を、開けてもらっていたわけである。こんな世界規模のパンデミックの時期に大きな役目を果たしてくれたコンピューターだが、私が使い始めたのは、パソコンなるものが世間に初めて売り出され、愛用者が年々増えていった頃からであるから、何十年になるか、記録もしていないし数えたこともないが、かなり長い。

そもそも、この世界に誘い込んでくれたのは、高校時代の友人だった。

ワープロ→ワープロ通信（今のＥメール）→コンピューターと、本人が開発した新型機器を次々と貸し与えてくれたことに始まる。これらの新作機器は貸与することを前提にしていたので、新しい機器を届けてくれたときには、古い方は返却するのが決まりであった。

その会社が生産販売した通信機器は、第一号機から保存され、商品開発の歴史を年代順に実物で展示されていると聞いていた。したがって改良を施した新製品が出ると、それを使わせてもらい、古い機種をお返しする時、使用の手引きなどの印刷物も一緒に添えて返却していた。開発の過程をとどめる各種の機器は保存されていても「使用の手引き」などが欠けている場合があるらしく、使用した機器に添えて「手引き」も返却すると、会社側から大変喜ばれたこともあった。ユーザー向けの使用の手引きは、わかりやすく書かれ、実は要を得た大切な説明書なのだそうだ。

新製品のお届けも、古い機器のお引き取りも、我が家の門の前に黒塗りの大きな乗用車が止まり、いつも本人ないしは関連技師が荷物の授受をしてくれたのには恐縮した。

こうして私はコンピューターの世界に少しずつ分け入って行ったのだった。

ひとえに友人のお陰である。それも、今となれば遠い昔の思い出で、時間は容赦なく現実を変えていく。……その友人は、もうこの世にいない。

頭脳を使い過ぎて早世したのだと、クラスメートは言っている。

私のメール・アドレスは、この友人が設定してくれたままで、数十年間、一度も変えていない。そして今も同じメーカーの新製品を使い続けている。

毎日、米英欧の数ヶ国、シンガポール、南半球二ヶ国、そしてロシアからの英語版メールまで、長年にわたる配信を読んでいるが、これは毎日の「お仕事」にもなっている。たしかに相当量のニュースを読み込むには、エネルギーが要るが、このお蔭で、何十年もの間、どれだけの情報を知らせてもらったことか。申すまでもなく、内容を見て取捨選択し、あくまで自分が必要だと判断した記事だけを丁寧に読むことにしているが。

思いがけず、というより偏《ひとえ》にこの友人のお陰で、電子通信全盛の時代の仲間入りをさせてもらい、何とかPCを操作できたお蔭で、考えもしなかった多くの事を学ぶことができた。世界情勢ばかりではない。さまざまなジャンルの情報を自分の部屋で、都合の良い時間に楽しむことが出来た。

長い間このパターンは変わっていない。本当にありがたいことである。

情報だけではなく、楽しいこともいっぱい詰まっているのは、PCを愛用している方々ならよく御存じのはず。

物を書く時には、百科事典や大型辞書の役割まで果たしてもらい、雑用を山ほど抱えている身には、検索をして選び出した商品を二、三日中には玄関先まで届けてくれるネット・ショッピング Amazon のサービスなどは、特に便利で信頼性があり、長い間助けられている。ＰＣがなかったなら、こんな恩恵に浴することは出来なかったかもしれないだろう。

いつだったか、アラスカに住むアメリカ人の学者夫婦と話した時、生活用品のすべてが Amazon からの配達で成り立っていて、日常生活に何の不自由もないと得意げであった。ＰＣあればこそのライフスタイルとでも言えようか。

この三冊目の執筆にもＰＣがよく働いてくれた。途中自らの操作ミスで、大量の原稿、数万語が一瞬にして消えてしまい、専門の技師に、雲隠れしてしまった原稿を探し出して戻してもらうよう切なる願いをしたが、結局、専門家すら長時間かけても探し出すことが出来ず、恐縮するような丁寧なお詫びの言葉を頂いただけに終わった。

何とか拾い出してほしいという切なる願いはこの時完全に絶たれ、喪失感のみが残り、その後一ヶ月程は書き続ける気にならず、今回の出版は放棄しようと思ったこともあったが、冷静に考えているうちに、気持ちは徐々に前向きの方向に変わっていき、辛うじて残った部分に何とか繋いでいきたいとの思いが強くなり、再び Word の画面を出すことにしたのだった。

このような予想もしなかった躓《つまず》きで苦汁を飲み、予定は大幅に遅れてしまったが、何とか「あとがき」まで辿りついた。

こんなわけで出版の予定が遅れ、お待ちいただいていた方々にはお詫びしかない。


この「あとがき」は正常ではない「ご時世」を反映して、何かしら愚痴っぽく暗くなってしまったが、事実をありのままを書くのが本来の目的なので致し方ない。一方、著者がどんな人間でどんな生活をしているのか、枝葉を伸ばして書き連ねた「まえがき」は、今読み返してみると「自分の恥さらし」以外の何ものでもないと、いたく反省している。


本書を書き始めた時に聴いていたファジル・サイのピアノは、以後CDの枚数も増えて、ずっと聴き続けている。聴くたびに彼が弾く音楽の凄さに圧倒され続けて、精神衛生上の効果は満点である。

昨年のショパン・コンクールでは日本人ピアニストも健闘したが、ファジル・サイは、このようなコンクールには関心を示さず、「我がピアノ道」をひたすら精進していく演奏家でもあり作曲家でもあるようだ。

最近のCDジャケットの写真では、少々中年太りしたようだが。


二〇一九年二月に書き始めて三年余り、長い道中であった。

いま考えれば、この時期、世界中が感染症で疲弊していた時期と一致するのも偶然とはいえ複雑な思いである。この間コロナのニュースを聞かない日はなく、感染者数が「減った、増えた」と報じられては文字通り一喜一憂し、外出を規制されて多くの人が運動不足を託っていた時期だった。

三年にわたり世界中いたる所に拡がったウイルスも、やや下火になりかけた二〇二二年夏には、やっと許可が下りて隅田川で花火が打ち上げられ、七十七回目の終戦記念日の翌八月十六日夜には、京都で恒例の「五山の送り火・大文字焼き」が再開された。

葵祭、祇園祭、時代祭、盛夏の夜の「大文字焼き」は、京都四大祭りと呼ぶらしいが、この「五山の送り火」は、天に召された親族や友人たちがこの世に戻り、御盆を終えて天国に帰るのを見送る行事とでも言えようか。

元気な若者たちが漆黒の山肌を登って灯した「大」の火文字を見ながら、故人の霊が無事天国に戻って行くよう心の中で祈る行事である。

京都の夏は、このお祭りでそろそろ終わりになる。

案の定、勝手気ままな寄り道を繰り返しながら書き進めてきたが、このあたりで締めくくりをせねばならない。

本著は大切な友人ニコルの死について予想以上に詳細に書いてしまい、あたかも、それが本著の中心であるかのような印象を与えてしまったのではないかと反省している。いつまでも心のどこかで響き続ける友人への鎮魂の思いが、私の平常心を乱してきたのであろうか。繰り返すが、本著は旅の案内書ではないので、重ねて御了解いただきたい。

しかし、こんな遠い昔の思い出話を書けるのも、手元に写真があったからである。本著『旅のものがたり』は外ならぬ膨大な旅のアルバムがなければ出来上がらなかったことを、ここでお伝えしておきたいと思う。

旅先では、どんなに感動しても、俳句や短歌を詠むことをせず、日記や感想文も書かず、その地で興味深く感じた場面をひたすら写真に撮り続け、帰宅後に取捨選択してプリントしてきた。それを行程順に整理して、説明書などを挟んで保存しておいただけである。時代が進み、カメラの機能が進歩して、写真の右下に年月日を入れられるようになってからは、旅の写真の整理作業は非常に楽になった。

「ええっ⁇　プリントしてアルバムに……⁇」と、気の向くままに撮ったスナップ写真を小さなスマホに満タンにして保存している人達にとっては、撮った写真を取捨選択してプリントし、更にアルバムにまとめておく……なんて面倒な作業は、前時代的で非能率なやり方だと思うであろう。

しかし、一九七一年の欧州一周旅行以来、コロナ直前の二〇一九年秋のショパンの旅に至るまで、取捨選択した写真を、まったく同じ白いアルバムを使って整理整頓してきた。四十八年間で凡そ二〇〇冊、作文をしたのはその中の四十冊に過ぎない。

写真を見れば、今でも当時の空気感まで一緒に甦ってくるから不思議である。前著同様、今回も、旅先での一瞬を捉えた写真に触発されたからこそ書けたのだと思っている。

こうして旅の写真を改めて見直してみて、写真は子孫への贈り物ではないかと考えるようになった。人生もまた旅、先祖の写真も、思い切って整理し直すことにした。コロナで外出が少なくなった時間を利用して。

また寄り道するが、母が亡くなったとき、遺品の中には幼少の頃からの写真なども多く、一〇五歳まで生きた人生には実に様々なことがあったことがわかった。自身、医者の妻として忙しい日常であったせいか、自分の写真の整理なども出来ずに世を去ったので、そんな母のためにも、同じ白い表紙のアルバムを使って幼少のころから一〇〇歳の祝いの日までを年代順に整理することにした。形ばかりの誕生日祝いをした一〇五歳を迎えた日の写真が存命中最後となったが、この写真を見ながら、あと五日生きていれば満一〇六歳のお誕生日を祝えたのに、と今でも皆で語り合っている。

白衣姿の父の写真も、亡くなった時に国に返還した医師免許状のコピーと共に白いアルバムにまとめた。今ほど写真を撮る機会が少なかった時代だけれど、この一冊を開けば、幼児期から老年期までの父の人生が辿っていける。長男の貫禄を見せた羽織袴の記念写真から、戦後の苦労が滲んだ少々栄養が足りないような顔つき、リタイア後の気楽な旅先で見せた寛いだ笑顔、そして人生の「収穫期」に味わった満足した表情の数々が、ほっとさせてくれる。長く父の患者さんだった方が時々ドライブ旅行に誘って下さり、二夫婦揃って御機嫌で出発したものだった。

忙しい現役生活を終え、心身共にくつろげる時間がやっと手に入ったのだから。

こんな話ばかりで恐縮であるが、もう一つだけ。

父方の祖母が、明治時代に東京の九段で教師をしている時に、学生に囲まれて撮ったウエストをぐっと絞ったモガ・スタイルのロングドレスの写真が残されていた。結い上げた髪の上には可愛い小さな髪飾りも見える。

今となってはこういう写真は貴重なもので、時代考証などをする時にも役立ちそうである。祖母の収納庫から出てきた着物から洋服への移行期の写真も、この際きちんと整理しようと思い立ち、父母の写真同様、やはり白いアルバムを使って年代順に纏めてみた。

出来上がったアルバムのページをめくると、祖母の写真は当時にしてはプリントが良かったのか色褪せもせず、日本が辿った西洋化への歩みを、祖母が生きた時代に重ねて知ることが出来る興味深いアルバムになった。

祖先の歴史も何とか無事に収まるところに収まり、長女としての小さな役割も少しは果たしたような気がしている。

士族の家に受け継がれてきた先祖代々の記録、家系図などに加えて、人生の節目に頂いた貴重な毛筆の手紙などもアルバムと共に大切に残している。

中には昔々殿様から頂いたという宝物まで出てきて、私などが知らない遠い時代が目の前に突然舞い降りてきたような錯覚に陥ることもあり、先祖が残した品々には興味深いものがある。

時代が下り、私の曾孫《ひまご》がいつの日か父親になった時、その子供たちもこの白いアルバムを開き、会ったこともない先祖の写真や手紙などを見ることがあるだろう。そんな光景を想像するだけで嬉しくなる。

「我々はどこから来たのか　我々は何者か　我々はどこへ行くのか」ゴーギャンがタヒチで描いた絵に、こんなタイトルの大きな絵があるが、写真に残されている「語り部」の声を聞くことは出来なくても、普段は考えたこともない自分の先祖のことを、一瞬なりとも頭をかすめればそれで充分なのだ。

このあたりで、今度こそは原稿を終了しようとしていた時、大きな悲報が入ってきた。

現地九月八日の夕方、イギリスのエリザベス女王が逝去されたと臨時ニュースが流れたのだ。

女王はスコットランドのバルモラル城で、九十六歳の生涯を安らかに閉じられたそうである。七十年間の統治期間の最後のお仕事は、亡くなる二日前に行われたトラス新首相の任命であった。女性宰相三人目と言われる長身の新首相を仰ぎ見るような小柄な女王が、優しい微笑みを湛えて握手なさる姿が国民に送る最後の写真になった。当日は離任するジョンソン元首相とも会われたようで、何と区切りのよいお仕事ぶりかと、言葉もなかった。

このバルモラル城には、一九九九年のウインブルドンのテニス決勝戦を観るためイギリスとスコットランドに出かけた時に訪れており、今回ニュース画面で流された花束が捧げられている大きな門、その奥にバルモラル城の一部が見える位置から撮った写真が新聞などで公開されたが、花束だけがない同じ角度からの写真がアルバムにあった。

人里離れたあの静かなお城で、女王は人生の最後を迎えられたのだと感無量であった。このお城がとりわけお気に入りだったそうで、安心して眠りにつかれたのではないかと想像する。バルモラル城を訪れたあの初夏の日、胸いっぱいに吸った大木の香りが、一瞬この古い写真から甦ってきたような気がした。

偶然にも、安倍晋三元首相の銃撃事件（七月八日）からちょうど二ヶ月後の九月八日は、夏休み明けの英語のレッスン日で、英国事情を中心に作られている大学生用英語教科書を使って生徒さんと勉強していたのであったが、何という偶然!!　この日はエリザベス一世の部分を読んでいたのだった。

今回逝去されたエリザベス二世の国葬は、穏やかな晴天に恵まれた九月十九日、厳かに執り行われ、全世界に同時配信された。

日々刻々、否応なく歴史は積み重ねられていく。

今後も同じように。

最後に、二〇二二年二月二十四日にロシアからの侵攻が始まったウクライナに、一日も早く平和な日々が訪れるよう祈るばかりである。

二〇二二年十一月一日

東京・武蔵野の一隅にて　　野崎順子

著者　パリ16区で

野崎　順子（のざき　じゅんこ）

1937年（昭和12年）生まれ。

東京女子大学文学部卒業後、上智大学大学院で国際関係論を学ぶ。外務省所管国際協力機構（JICA）、外国語教育・研修機関、日本語教師養成講座等における講師を経て、現在は、英語講師、翻訳（英語、フランス語）および執筆活動。同時に長年のピアノ歴の集大成として、近年ピアノ・トリオなど室内楽に取り組んでいる。

著書に『風、光る刻』（文芸社、2002）、『つれづれなるままに　旅のものがたり 1』（近代文藝社、2012）

つれづれなるままに
―旅のものがたり　2―

2023年6月8日　初版第1刷発行

著　　者　野崎順子
発 行 者　中田典昭
発 行 所　東京図書出版
発行発売　株式会社 リフレ出版
〒112-0001　東京都文京区白山 5-4-1-2F
電話（03）6772-7906　FAX 0120-41-8080
印　　刷　株式会社 ブレイン

ISBN978-4-86641-637-3 C0095
Printed in Japan 2023